Antje Haag
Versuch über die moderne Seele Chinas

Folgende Titel sind u.a. in der Reihe »Psyche und Gesellschaft« erschienen:

Ali Magoudi: Mitterand auf der Couch. Ein psychoanalytisches Rendezvous mit dem französischen Staatspräsidenten. 2007.

Marcus Emmerich: Jenseits von Individuum und Gesellschaft. Zur Problematik einer psychoanalytischen Theorie und Gesellschaft. 2007.

Angela Kühner: Kollektive Traumata. Konzepte, Argumente, Perspektiven. 2007.

Florian Steger (Hg.): Was ist krank? Stigmatisierung und Diskriminierung in Medizin und Psychotherapie. 2007.

Boris Friele: Psychotherapie, Emanzipation und Radikaler Konstruktivismus. Eine kritische Analyse des systemischen Denkens in der klinischen Psychologie und sozialen Arbeit. 2008.

Hans-Dieter König: George W. Bush und der fanatische Krieg gegen den Terrorismus. Eine psychoanalytische Studie zum Autoritarismus in Amerika. 2008.

Robert Heim, Emilio Modena (Hg.): Unterwegs in der vaterlosen Gesellschaft. Zur Sozialpsychologie Alexander Mitscherlichs. 2008.

Hans-Joachim Busch, Angelika Ebrecht (Hg.): Liebe im Kapitalismus. 2008.

Angela Kühner: Trauma und kollektives Gedächtnis. 2008.

Burkard Sievers (Hg.): Psychodynamik von Organisationen. Freie Assoziationen zu unbewussten Prozessen in Organisationen. 2009.

Tomas Böhm, Suzanne Kaplan: Rache. Zur Psychodynamik einer unheimlichen Lust und ihrer Zähmung. 2009.

Lu Seegers, Jürgen Reulecke (Hg.): Die »Generation der Kriegskinder«. Historische Hintergründe und Deutungen. 2009.

Christoph Seidler, Michael J. Froese (Hg.): Traumatisierungen in (Ost-)Deutschland. 2009.

Hans-Jürgen Wirth: Narcissism and Power. Psychoanalysis of Mental Disorders in Politics. 2009.

Hans Bosse: Der fremde Mann. Angst und Verlangen – Gruppenanalytische Untersuchungen in Papua-Neuguinea. 2010.

Benjamin Faust: School-Shooting. Jugendliche Amokläufer zwischen Anpassung und Exklusion. 2010.

Jan Lohl: Gefühlserbschaft und Rechtsextremismus. Eine sozialpsychologische Studie zu Generationengeschichte des Nationalsozialismus. 2010.

Markus Brunner, Jan Lohl, Rolf Pohl, Sebastian Winter (Hg.): Volksgemeinschaft, Täterschaft und Antisemitismus. 2011.

Hans-Jürgen Wirth: Narzissmus und Macht. Zur Psychoanalyse seelischer Störungen in der Politik. 4., korrigierte Auflage 2011.

Oliver Decker, Christoph Türcke, Tobias Grave (Hg.): Geld. Kritische Theorie und Psychoanalytische Praxis. 2011.

Johann August Schülein, Hans-Jürgen Wirth (Hg.): Analytische Sozialpsychologie. Klassische und neuere Perspektiven. 2011.

Psyche und Gesellschaft

Herausgegeben von Johann August Schülein
und Hans-Jürgen Wirth

Antje Haag

Versuch über die moderne Seele Chinas

Eindrücke einer Psychoanalytikerin

Psychosozial-Verlag

Bibliografische Information der Deutschen Nationalbibliothek
Die Deutsche Nationalbibliothek verzeichnet diese Publikation
in der Deutschen Nationalbibliografie; detaillierte bibliografische Daten
sind im Internet über http://dnb.d-nb.de abrufbar.

2. Auflage 2012

Walltorstr. 10, D-35390 Gießen
Fon: 06 41 - 96 99 78 - 18; Fax: 06 41 - 96 99 78 - 19
E-Mail: info@psychosozial-verlag.de
www.psychosozial-verlag.de

Umschlagabbildung: Chinesische Schriftzeichen für den Begriff »Seele«
Umschlaggestaltung & Satz: Hanspeter Ludwig, Wetzlar
www.imaginary-world.de
Druck: CPI books GmbH, Leck
Printed in Germany
ISBN 978-3-8379-2147-2

Inhalt

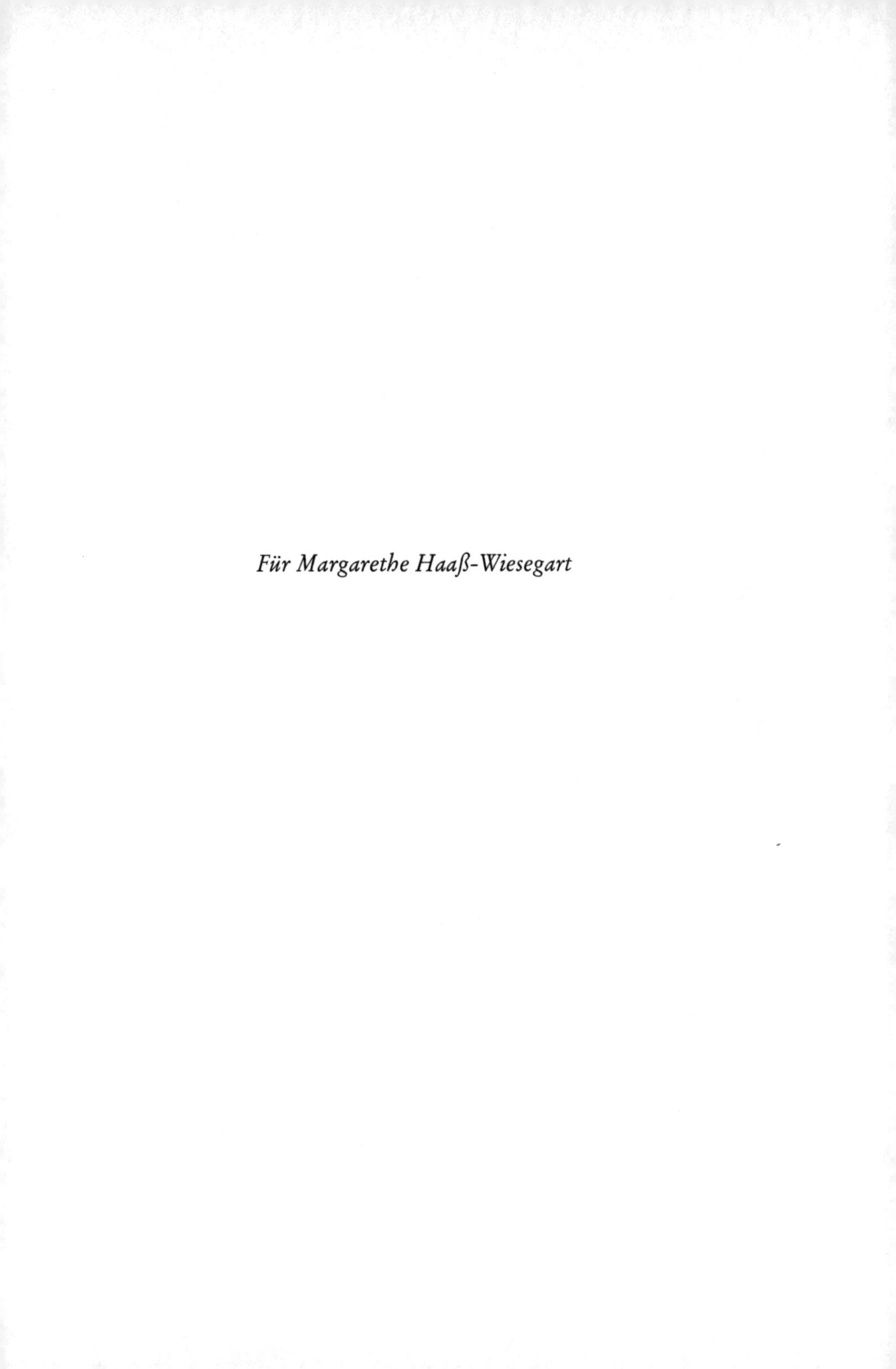

Für Margarethe Haaß-Wiesegart

Vorwort

China ist in den letzten drei Jahrzehnten immer stärker in den Mittelpunkt des Weltinteresses gerückt: als Wirtschaftsmacht, als Partner im kulturellen Austausch – aber auch als autoritäres Staatswesen mit kapitalistischer Gegenwart unter dem Diktat der Kommunistischen Partei. Reisen für westliche Touristen stehen im Angebot von Reiseveranstaltern ganz oben. Zurückgekehrt berichten sie beeindruckt, ja begeistert vom Aufschwung der Metropolen, von ihrem Luxus, von den hypermodernen Bauten, die oft von den experimentierfreudigsten westlichen Architekten errichtet worden sind, von wunderschönen Landschaften und freundlichen Menschen, die auf ihr Land stolz sind.

Im vorliegenden Band wird der Versuch unternommen, hinter diese beeindruckende Kulisse zu schauen. Denn dem gegenwärtigen Zustand der Weltmacht China gehen gewaltige gesellschaftliche Umbrüche voraus, die das Land im vergangenen Jahrhundert erschütterten und in der Kulturrevolution (1966–1976) ihren Höhepunkt fanden. Spuren dieser traumatischen Vergangenheit finden sich bis heute in den meisten Familien. Der hohe Leistungsdruck, der insbesondere auf den (meist) geschwisterlosen Jugendlichen und jungen Erwachsenen liegt und notwendigerweise eine Individualisierung fordert, ist mit dem bis heute vorherrschenden kollektivistisch-konfuzianischen Grundmuster der Gesellschaft schwer vereinbar. So sind die nicht verheilten Wunden der Vergangenheit und die Orientierungsprobleme der Gegenwart Themen dieses aus einer psychoanalytisch-psychotherapeutischen Perspektive geschrieben Buches.

Ein weiteres Thema ist die Frage, wie sich psychoanalytisch orientierte Psychotherapie mit ihrem rein auf das Individuum zentrierten Ansatz in die heutige Übergangsgesellschaft Chinas einfügt. Am 27. Mai 1929 schrieb Sigmund Freud an den chinesischen Gelehrten Zhang Shizao folgende Zeilen:

> »Ich bin überaus erfreut durch Ihre Absicht, in welcher Art immer Sie sie ausführen wollen, sei es, daß Sie die Kenntnis der Psychoanalyse in Ihrem Heimatlande China anbahnen, sei es, daß Sie uns Beiträge für unsere Zeitschrift ›Imago‹ geben, in denen Sie unsere Vermutungen über archaische Ausdrucksformen am Material Ihrer Sprache messen.«

Bereits in den 20er Jahren hatten sich chinesische Geisteswissenschaftler und Schriftsteller mit der Psychoanalyse auseinandergesetzt, bis der Rezeptionsprozess 1937 aufgrund des Krieges gegen Japan zum Erliegen kam. Ideologische Gründe verhinderten dann bis in die 80er Jahre eine erneute Hinwendung. Dieses Buch beschreibt den Beginn einer neuen Rezeptionswelle seit der Öffnung Chinas zum Westen, diesmal durch Psychiater und Psychologen, die gezwungen waren und es weiterhin sind, sich mit den tief greifenden psychosozialen Folgen der revolutionären Zeit unter Mao Zedong ebenso wie mit den gegenwärtigen kulturellen und gesellschaftlichen Widersprüchen des Landes auseinanderzusetzen.

Als psychoanalytisch orientierte Dozentin berichte ich über Erfahrungen aus meiner Tätigkeit im Rahmen psychotherapeutischer Weiterbildungen in China zwischen 1988 und 2008 und erörtere, auf welche Art und Weise psychoanalytisches Denken im modernen China verwirklicht werden kann. Dies wäre nicht möglich ohne den Einblick, den chinesische Kollegen, die ich unterrichtet habe, mir in ihre persönliche Geschichte, die ihrer Familien und die ihres Landes gewährt haben. Ihnen ist daher zuallererst zu danken. Gleichermaßen Dank gilt den Patienten der Ambulanz und der Psychotherapiestation des Shanghai Mental Health Center, mit denen ich persönlich sprechen durfte. Das große Vertrauen und die Offenheit der Zeitzeugen, die mir über ihr schweres Schicksal vor und während der Kulturrevolution berichtet haben, werde ich immer würdigen. Den Direktoren des Krankenhauses Frau Prof. Xiao Zeping und Herrn Prof. Wang Zucheng danke ich für Ihre große Gastfreundschaft und ihr Interesse, das sie mir auf vielfältige Weise gezeigt haben. Sie, ebenso wie meine Kolleginnen und Kollegen Zhao Xudong, Xu Yong, Wu Yanru, Tao Minji und Zhang Bing haben meine praktische Arbeit freundschaftlich begleitet und mir immer wieder die Augen geöffnet.

Dass ich überhaupt an einem einmaligen Pionierprojekt, dem Transfer westlicher Psychotherapie nach China, teilnehmen konnte, verdanke ich Ann-Kathrin Scheerer und Margarethe Haaß-Wiesegart. Sie haben mir viele denkwürdige, berührende, beglückende, aber auch verstörende Erfahrungen ermöglicht und mir die Chance gegeben, meinen (westlichen) Horizont zu erweitern. Das deutsch-chinesische Psychotherapieprojekt wurde zu einem wichtigen Teil meines Lebens.

Sowohl in China als auch in Deutschland hat es unter den deutschen Dozenten für psychoanalytische Psychotherapie immer wieder lange, fruchtbare, mir hilfreiche, aber auch kontroverse Diskussionen über unser »Experiment« gegeben. Alf Gerlach, Tomas Plänkers, Anne-Marie Schlösser, Hermann Schultz und Angelika Staehle waren mir wichtige Gesprächspartner. Fritz Simon hat mir aus seiner systemisch-familientherapeutischen Perspektive geholfen, manches Fremde besser zu verstehen.

Marion Rollin und Cornelia Schulze haben freundschaftlich und mit großem Engagement das Manuskript durchgesehen und korrigiert und mich immer wieder ermutigt und unterstützt. Jörn Scheer übernahm nicht nur die Rolle des Feuerwehrmannes bei computerbedingten Notfällen, sondern war mir auch ein kompetenter Berater bei den Fragen, die mich bei dem Verfassen des Buches beschäftigt haben. Ohne diese drei, so fürchte ich, wäre es nicht zustande gekommen.

Einführung

Psychotherapietransfer nach China – Ein deutsch-chinesisches Projekt

Als ich 1987 gefragt wurde, ob ich als Dozentin für psychoanalytische Psychotherapie zusammen mit anderen Kollegen nach China fahren wolle, war dies für mich eine Einladung zu einem Abenteuer, die ich neugierig und ohne lange nachzudenken annahm. Die Initiative für diese Einladung kam von zwei Deutschen, der Psychologin Margarethe Haaß-Wiesegart und der Sinologin Ann-Kathrin Scheerer, die sich bereits 1976 – unmittelbar nach Beendigung der Kulturrevolution – als Studentinnen und Stipendiatinnen des *Deutschen Akademischen Austauschdienstes* in Peking kennengelernt hatten.

Margarethe Haaß-Wiesegart wollte damals eine Arbeit über psychiatrische Einrichtungen in China schreiben, sah sich aber vor verschlossenen Türen. In der Tat war die Psychiatrie, wie alle anderen wissenschaftlichen Disziplinen, isoliert und abgeschottet von der westlichen Welt und sehr rückständig. Die Kliniken waren nicht mehr als Anstalten zur Verwaltung psychischen Elends (Xiao 1999). Psychische Erkrankungen wurden während der Kulturrevolution als Folgen »falscher Ideologie« und »falschen Klassenbewusstseins« betrachtet und die Psychiater, wie alle Intellektuellen, auf das Land oder in Arbeitslager zur »Umerziehung« geschickt – einige hatten sich das Leben genommen. Die Kliniken waren »Revolutionskomitees« aus Arbeitern, Bauern und Soldaten unterstellt. 1970 war in der Provinz Hunan von einer Armeedelegation bestimmt worden, dass psychiatrische Patienten nur noch durch »Maos Gedanken« behandelt werden sollten (Wang Z. 2007).

Unter solchen Voraussetzungen ist es unmittelbar verständlich, dass die ohnehin junge Disziplin der Psychotherapie in China damals keinen Boden hatte. Lerntheoretisch orientierte Verfahren waren zwar bis in die 60er Jahre unter dem Einfluss der Sowjetunion angewendet worden, diese Praxis wurde jedoch zu Beginn der Kulturrevolution beendet. Die Psychoanalyse war ohnehin seit Gründung der Volksrepublik als »schändlichster Auswuchs bürgerlicher Psychologie und Psychotherapie« (Sun 1959, zit. n. Riedel 2001, S. 93) gebrandmarkt worden.

Wir kamen in eine Zeit des Wiederaufbaus und des Neuanfangs. Zu Beginn der 80er Jahre gab es kein offizielles psychiatrisches Lehrbuch. Der Bedarf an psychiatrischer und psychotherapeutischer Versorgung war groß. Es wurden neue Kliniken gegründet oder vorhandene vergrößert. Langsam kam es zu einem nationalen und internationalen wissenschaftlichen Austausch, nicht zuletzt mithilfe der Weltgesundheitsorganisation, die eine Vielzahl von Seminaren unter der Beteiligung namhafter westlicher Psychiater organisierte (Haaß-Wiesegart/Schweitzer 2004).

Unabhängig von diesen »offiziellen« Aktivitäten hatten die beiden Initiatorinnen unseres Psychotherapieprojektes den angesehenen Psychiater Wan Wenpeng kennengelernt, der, nach einer bewegten und von politischen Repressionen geprägten Laufbahn, als Psychiater in Kunming, in der Provinz Yunnan, ein großes Psychiatrisches Krankenhaus leitete. Er wurde die chinesische Vaterfigur der deutsch-chinesischen Kooperation. Zusammen mit einigen chinesischen Kollegen hatte er im Jahre 1985 psychiatrische und psychotherapeutische Einrichtungen der Bundesrepublik besucht. Damals entstand die Idee, ein Symposium mit deutschen Dozenten in China durchzuführen, um den chinesischen Kollegen eine Vorstellung von den im Westen praktizierte Therapiemethoden zu geben. Finanziert wurde dieses Vorhaben von der Hamburger Stiftung für Sozialforschung.

Im Oktober 1988 landete unsere deutsche Delegation in der Stadt Kunming, ganz im Südwesten Chinas, an den Ausläufern des Himalaya gelegen. Die Stadt liegt 3.000 Kilometer von Peking entfernt und besaß somit im zentralistisch regierten China eine gewisse Narrenfreiheit. Auch im Jahre 1988 zeugte es jedoch noch von großem Mut unserer chinesischen Gastgeber, insbesondere von Prof. Wan Wenpeng, westliches Gedankengut, insbesondere psychoanalytisches, zur Diskussion zu stellen. Im Vorfeld unseres ersten Treffens auf chinesischem Boden hatte es auch politische Bedenken gegeben, die aber aus dem Weg geräumt werden konnten. Wir waren acht deutsche Therapeuten, die folgende Therapierichtungen vertraten: Familientherapie (Prof. Stierlin und Dr. Simon, Heidelberg), Verhaltenstherapie (Dr. Schwarz und Dr. Tillmanns, Windach), Gesprächstherapie nach Rogers (Dr. Babel und Dipl.-Psych. Rabaioli-Fischer, München) sowie psychoanalytisch orientierte Psychotherapie (Prof. Berger und ich selbst, Hamburg). 130 Psychiater und Psychologen aus fast allen Provinzen Chinas waren der persönlichen Einladung von Prof. Wan Wenpeng gefolgt. Darunter waren viele, die erhebliche Anstrengungen auf sich genommen hatten, um an dem Symposium teilnehmen zu können. Eine Kollegin war sieben Tage lang per Zug in der »Holzklasse« gefahren, um aus der Inneren Mongolei nach Kunming zu kommen. Wir Deutschen waren überwältigt von dem großen Interesse und der Erwartung, die unsere chinesischen Kollegen an uns hatten. Unter unseren »Schülern« befanden sich prominente ältere Psychiater und Psychologen, die in der Kulturrevolution viel Schweres durchgemacht hatten und nach Jahren geistiger, körperlicher und intellektueller Not wieder an altes, auch verschüttetes Wissen anknüpfen wollten. Sie sprachen zum Teil Englisch, die Sprache, die während der Jahre des Aufruhrs verboten war, und fungierten als Übersetzer. Die Altersverteilung der Kursteilnehmer war ungewöhnlich und spiegelte bittere historische Tatsachen wider: Die zehn Jahre währende Kulturrevolution (1966–1976), während der jede Ausbildung, wenn eine solche denn überhaupt angeboten wurde, chaotisch war, hatte eine Schneise geschlagen. Etwa ein Drittel der Teilnehmer war in den 20er und 30er Jahren geboren und über 50 Jahre alt. Diese Kollegen hatten ihre Ausbildung bereits vor der Kulturrevolution absolviert und waren – inzwischen »rehabilitiert« – meist Universitätsangehörige oder Klinikdirektoren. Zwei Drittel der Kursteilnehmer waren in den 50er und 60er Jahren geboren, hatten also ihre Studien nach 1976 beendet. Die älteren Teilnehmer, fast alles Männer, trugen meist die alten, hoch zugeknöpften, uniformen, blauen Mao-Anzüge, die jüngeren, darunter etwa die Hälfte Frauen, hatten ihre Kleidung nach chinesischem Geschmack modernisiert. Der Bekleidung entsprach auch das Verhalten. Während die Älteren meist ernst und verschlossen, wenngleich nicht unfreundlich wirkten, schenkten die Jungen uns von Anfang an großes Vertrauen und begegneten uns mit großer Offenheit und Herzlichkeit. Ihre Lernbegeisterung, verbunden mit ihrem hohen Engagement, berührte uns sehr.

Dies ließ uns auch vergessen, dass unsere Vorlesungen und Falldiskussionen in einem für westliche Verhältnisse äußerst kargen Armeehotel stattfanden. Auf langen unverputzten Betonfluren gingen wir an Mehrbettzimmern vorbei, vor denen jeweils nicht geleerte Spucknäpfe postiert waren (Spucknäpfe sind inzwischen offiziell abgeschafft worden), um in den ungeheizten, ebenso rauen »Plenarsaal« mit Eisenfenstern zu kommen. Den einzigen Schmuck in diesem Raum bildete das leuchtend rote Band an der Stirnseite, auf dem in schönen chinesischen Schriftzeichen stand, dass wir uns auf dem ersten *Deutsch-Chinesischen Kongress für Psychotherapie* befanden.

Seither sind über 20 bewegende Jahre vergangen. Dem ersten Treffen folgten zunächst zwei weitere: 1990 in Qingdao und 1994 in Hangzhou. In der allgemeinen Aufbruchsstimmung war nach dem ersten Symposium die *Chinese Association for Psychotherapy and Councelling* gegründet worden, der erste Fachverband für Psychotherapie in der Volksrepublik China. 1994 wurde beschlossen, die Kooperation zu vertiefen und regelmäßige, sich jeweils über mehrere Jahre hinziehende Ausbildungsgänge für familientherapeutische, verhaltenstherapeutische und psychodynamische bzw. psychoanalytisch orientierte Therapie abzuhalten. Die Lerninhalte wurden von deutschen Therapeuten erarbeitet, die Organisation oblag den chinesischen Kollegen. Um diese Aktivitäten institutionell zu verankern, wurde 1995 die *Deutsch-Chinesische Akademie für Psychotherapie* (www.dcap.de) gegründet, ein Pionierprojekt, das in der Volksrepublik bis in die Gegenwart großes Ansehen genießt. Diese Akademie ermöglichte die erste systematische Psychotherapieausbildung. In dreijährigen Ausbildungsgängen werden bis heute chinesische Psychiater und Psychologen in den drei Therapieschulen nach westlichen Standards unterrichtet. Während die Teilnahmegebühren für die chinesischen Kollegen anfangs von den »Arbeitseinheiten« (vgl. Kapitel 1.1) finanziert wurden, zahlen sie diese inzwischen zum Teil aus eigener Tasche. Die Unterrichtssprache war und ist Englisch. Viele der Absolventen der ersten Lehrgänge haben heute einflussreiche Positionen an Universitäten, Krankenhäusern oder im staatlichen Gesundheitswesen inne. Inzwischen werden substanzielle Teile des Kursangebots von den von uns ausgebildeten chinesischen Kollegen selbst übernommen.

Im Jahr 2001 fand – in Kooperation mit anderen Organisationen, jedoch initiiert durch die *Deutsch-Chinesische Akademie* – der erste große internationale Kongress für Psychotherapie *Dialogues Between East And West* in

Kunming statt – mit 540 Teilnehmern aus 13 Nationen. Weitere Kongresse folgten: 2007 *(Changing Societies – Changing People)* und 2009 *(Psychoanalysis in The Modernizing Society)* in Shanghai. Darüber hinaus werden Stipendien für Gastaufenthalte chinesischer Kollegen in Deutschland sowie Lehraufenthalte für deutsche Kollegen in China vermittelt.

Natürlich engagieren sich auch Kollegen aus anderen Ländern wie z. B. aus den USA, aus Norwegen, Argentinien und Japan bei der Vermittlung psychotherapeutischer Kompetenz in China. Es ist aber sicher unbestritten, dass der deutsch-chinesischen Kooperation, die seit Jahren finanziell unter anderem vom *Deutschen Akademischen Austauschdienst* gefördert wird, eine besonders einflussreiche, wenn nicht historische Rolle beigemessen werden muss (vgl. Chang et al. 2005; Blowers/Yuan 2006). Dies ist umso bemerkenswerter, als es sich um ein Vorhaben handelt, das aus einer privaten Initiative heraus entstanden ist und bis heute keine institutionelle Anbindung hat. Bei der finanziellen Absicherung sind viele unkonventionelle Wege gegangen worden – und oft genug hing die Realisierung der unterschiedlichen Vorhaben an einem seidenen Faden. Der Erfolg der *Deutsch-Chinesischen Akademie für Psychotherapie* ist dem bis heute ungebrochenen Pioniergeist der deutschen und chinesischen Kollegen zu verdanken, insbesondere seiner ersten deutschen Präsidentin Margarethe Haaß-Wiesegart. Sie und Jochen Schweitzer (2004) haben über das Projekt und seine Entstehungsgeschichte ausführlich berichtet.

In den mehr als 20 Jahren unseres Engagements in China wurden wir Zeugen einer atemberaubenden gesamtgesellschaftlichen Entwicklung. Noch bevor das Land sich von den tiefen Wunden, die die Kulturrevolution gerissen hatte, erholen konnte, kam es zu einer neuen Revolution, einer ökonomischen. Diese Umwälzung stellt die sozialistischen Maßstäbe von 1949 auf den Kopf. Die mit der wirtschaftlichen Öffnung des Landes verbundene Konfrontation mit westlichen Wertvorstellungen und Lebensformen hat insbesondere für viele Jüngere einen ebenso verführerischen wie verstörenden Reiz. Die Ablösung der alten Planwirtschaft durch die Marktwirtschaft erfordert Wettbewerb, der ohne eine Individualisierung der Gesellschaft kaum möglich ist. Traditionelle Maßstäbe werden verworfen und in vielen Familien kommt es zu früher undenkbaren Konflikten zwischen den Generationen. Dies wiegt umso schwerer, als die Elterngeneration der heutigen jungen Erwachsenen die Traumata der Vergangenheit nicht bewältigt hat. Bisher hat sich die Kommunistische Partei Chinas kaum selbstkritisch mit ihrer Vergangenheit auseinandergesetzt. Aber eine solche Auseinandersetzung wäre die Voraussetzung für die Opfer, vielleicht auch für die Täter, aus ihrer Isolation herauszukommen (vgl. Kapitel 2.4).

Die Widersprüche, die die chinesische Gegenwart kennzeichnen, könnten nicht größer sein. Sie prägen das Bild auf der makrosozialen Ebene und reichen bis in die Familien hinein. Zwischen den blühenden Metropolen im Osten und dem ländlichen Inneren des Landes, das sich, strukturell unterentwickelt, an der Armutsgrenze befindet, besteht eine tiefe Kluft. Die Bauern, die in ihren Dörfern kein Auskommen mehr haben, ermöglichen als Wanderarbeiter den wirtschaftlichen Aufschwung der Städte. Sie haben kaum Rechte oder Ansprüche auf eine angemessene soziale Versorgung. Die wenigsten sind krankenversichert. Die Analphabetenquote in den Dörfern liegt bei 8,25% (das sind 66,65 Millionen Menschen). Da die Bauern das Schulgeld für die Kinder nicht aufbringen können, wird sich dies auch nicht ändern (He 2006, S. 373). Im Jahre 2009, dem Jahr der globalen Wirtschaftskrise, verloren 20 Millionen der 130 Millionen Wanderarbeiter ihre Stellung. Die offizielle Arbeitslosenrate von 4,2% im März 2010 (www.tradingeconomics.com/Economics/Unemployment-Rate) schließt wichtige Gruppen wie die Wanderarbeiter, die aus den maroden, zum Teil privatisierten Staatsbetrieben entlassenen und nun »wartenden« Arbeiter sowie die Universitätsabsolventen ohne Anstellung nicht ein. Real wird eine zweistellige Arbeitslosenrate angenommen (He 2006, S. 290; Chang C.H. 2004). Arbeiter und Bauern, die die Speerspitze der revolutionären Gesellschaft waren und auch jetzt noch 80 Prozent der Bevölkerung ausmachen, sind ökonomisch an den Rand gedrängt worden und kämpfen um ein Existenzminimum. Dies alles geht einher mit einem beispiellosen ökologischen Raubbau.

In ihrem – in der Volksrepublik China verbotenen – Buch *China in der Modernisierungsfalle* beschreibt die ebenso kritische wie pessimistische Wirtschaftswissenschaftlerin Qingliang He, dass die »1978 begonnenen Reformen dem Wesen nach die Umkehr der damals von Mao Zedong vorgenommenen Verwandlung des Privateigentums in Kollektiveigentum in eine Verwandlung des Kollektiveigentums in Privateigentum bedeuten« (2006, S. 31). Dieser Prozess wird durch Korruption und Bestechung ermöglicht. Das Vertrauen der chinesischen Bevölkerung in ihre Regierung ist gering.

Auch Akademiker sind alarmiert: Im Jahre 2003 konnte knapp die Hälfte der Hochschulabsolventen keine Arbeit finden (ebd., S. 269). Das wiegt umso schwerer, als bereits vor Studienbeginn eine harte Selektion durch Prüfungen stattfindet, die sich dann durch die gesamte Zeit auf der Hochschule zieht (vgl. Kapitel 3.2.2). An den Universitäten beobachten besorgte Psychologen in den Beratungsstellen für Studierende ein Ansteigen der Fälle von Selbsttötungen (Fang 2007). Über Zahlen wird jedoch geschwiegen.

Dies ist der gesellschaftliche Hintergrund, vor dem unser Psychotherapie-Transfer-Projekt stattfand. Wir kamen in ein Land mit einer Vergangenheit, deren Traumata noch nicht bewältigt waren, und einer Gegenwart, die durch große soziale Ungleichheit und ein widersprüchlich erscheinendes Gesellschaftssystem bestimmt war: ein von der Kommunistischen Partei geduldeter, ja angeheizter Kapitalismus. Die dadurch entstandene Verunsicherung führt zu einer Erosion gesellschaftlich und kulturell fundierter Lebenskonzepte, was wiederum ein erhöhtes Risiko für psychische Störungen birgt. Während vor der wirtschaftlichen Öffnung bei den Neurosen die »Neurasthenie«[1] die häufigste Diagnose war, haben sich inzwischen die psychotherapiebedürftigen Probleme zum Teil »verwestlicht«, wenn es auch weiter spezifische Schwerpunkte, wie zum Beispiel Konversionsstörungen (seelische Konflikte werden körperlich symbolhaft ausgedrückt, ohne organisches Korrelat), soziale Ängste, Versagungsängste oder Zwangserkrankungen gibt. Zugenommen haben – wie auf der ganzen Welt – Depressionen, Angststörungen, vorher kaum gekannte Alkohol- und Drogenabhängigkeiten, sexuelle Probleme und Essstörungen. So sind besonders die Kinder oft übergewichtig. Der Bedarf an Psychotherapie ist groß, und wir waren eingeladen worden, um zu helfen.

Zu diesem Buch

Das vorliegende Buch ist das Resümee meiner Erfahrung als Dozentin für psychoanalytisch orientierte bzw. psychodynamische Psychotherapie in der Volksrepublik China. Meine Tätigkeit gliederte sich in zwei Abschnitte: Von 1988 bis 1999 war ich als Psychoanalytikerin Teil des Lehrkörpers, der in verschiedenen chinesischen Städten zweimal jährlich Kurse für Psychia-

1 Ein Symptomenkomplex mit Erschöpfungszuständen, Schwäche, Müdigkeit, Schlafstörungen, allgemeinen Körperschmerzen, Appetitlosigkeit, Kopfschmerz und weiteren körperlichen Beschwerden.

ter und Psychologen aus allen Teilen Chinas anbot. In den Jahren 2001 bis 2008 war ich auf Einladung einer ehemaligen Schülerin und jetzigen Klinikdirektorin an einem großen Zentrum für Psychiatrie und Psychotherapie in Shanghai tätig. Finanziell unterstützt wurde meine Tätigkeit durch den *Deutschen Akademischen Austauschdienst* im Rahmen des Programms für Kurzzeitdozenturen. Ich kam einmal im Jahr nach China und blieb jeweils ein bis vier Monate, um Assistenzärzte und Psychologen zu unterrichten, ihre Behandlungsfälle zu supervidieren und um ihnen die Möglichkeit zu geben, sich im Rahmen einer »Lehrtherapie« selbst besser kennenzulernen. »Selbsterfahrung« mit einem Lehrtherapeuten gehört zur Grundvoraussetzung für die Ausübung eines psychotherapeutischen Berufes. Ich konnte die jungen Kollegen also über Jahre begleiten und hatte Gelegenheit, ihre durch die politischen Wirren bedingten, oft schweren Kindheiten und ihre aktuellen Lebensumstände kennenzulernen.

Mein Lehraufenthalt war in vielerlei Hinsicht eine persönliche Herausforderung.

Ich bin während der letzten Jahre der Hitler-Diktatur geboren, eine historische Hypothek, die mich mein Leben lang in wechselnder Intensität oft schmerzlich und schamvoll begleitet hat. China war gerade im Begriff, sich von Jahrzehnte währender Anomie und politischer Gewalt, die mit großen menschlichen und ideellen Opfern einhergegangen waren, zu erholen. In fast jeder Familie war großes Leiden aufzuspüren – auch wenn es wie ein kollektives Geheimnis behandelt wurde. Wenn die Grundideen Hitlers und Maos sich auch sehr unterschieden, so war doch dem Resultat des expansiven Rassenwahns und des Wahns einer »neuen Gesellschaft unter der Diktatur des Volkes« gemein, dass jeweils die Grundfesten von Völkern erschüttert wurden, die sich einer reichen Kultur bewusst waren. Für mich wurde in den späten 80er Jahren meine eigene Erschütterung durch die Konfrontation mit dem Schicksal Chinas gleichsam wiederbelebt – verbunden mit Gefühlen von Ohnmacht, Trauer und Wut. Unter verschiedenen Prämissen erlebte ich zum zweiten Mal ein Land, das gezwungen war, sich nach einer Diktatur neu zu definieren. Dass dieser Neuanfang in China, wie bei dem deutschen Wirtschaftwunder der Nachkriegszeit, zunächst einmal mit einem enormen wirtschaftlichen Aufschwung, der die Wunden der Vergangenheit fast vergessen lässt, einhergeht, löste bei mir ebenfalls ein Déjà-vu-Gefühl aus, das mich irritierte.

Ich kam in ein Land, das sich in einer Übergangsphase befand – und sich jetzt noch befindet – und dessen Kultur mir fremd war. Diese Fremdheit nahm paradoxerweise mit den Erfahrungen, die ich dort machte, zu. Möglicherweise lag das auch daran, dass ich mich in den ersten Jahren meiner Lehrtätigkeit stets im Kreis vertrauter Landsleute, meiner Kollegen, bewegen konnte. Wir genossen die Herzlichkeit und Freundschaft unserer wechselnden chinesischen Gastgeber, die das, was wir ihnen beibrachten, begeistert aufsogen und nur wenige Fragen stellten. Auch ich stellte viel zu wenig Fragen, weil ich zunächst noch blind war und mir die kulturellen Unterschiede zwischen mir selbst und meinen Gastgebern und Schülern erst deutlicher wurden, als ich sie länger erlebt hatte.

Dieses Buch ist bewusst persönlich gehalten, und die Beobachtungen bei meiner Arbeit und im Alltag, die ich in diesen Jahren notierte, sind eine wichtige Grundlage. Seine Kapitel haben unterschiedliche Schwerpunkte, besitzen aber einen inneren Zusammenhang.

Die Begegnung mit dem Fremden aus abendländischer Perspektive ist Gegenstand des *ersten* Teils. Aus der vorherrschenden konfuzianisch-kollektivistischen chinesischen Gesellschaftsordnung werde ich Phänomene ableiten, die die äußere und innere Welt chinesischer Menschen prägen. So werde ich beschreiben, wie sich Grenzen im Großen und im Kleinen, im Sozialen wie im Psychischen manifestieren – und wie sie immer durchlässiger werden, je kleiner der Bereich wird, den sie umschließen. Für den Gast aus einer mehr individualisierten Kultur, in der die Einzelnen stärker voneinander abgegrenzt sind, können sich Verständnisschwierigkeiten ergeben, weil auch der Kommunikationsstil anders ist: Statt Klarheit und Struktur, wie wir es gewohnt sind, erleben wir Vagheit, Mehrdeutigkeit, ja sogar Widersprüchlichkeit in den Äußerungen unserer chinesischen Gesprächspartner. Auch die große Schamanfälligkeit – oder die Angst vor dem Gesichtsverlust – wird aus einer stärker konformistischen, auf Anpassung bedachten, kollektivistischen, das heißt stärker vernetzten sozialen Grundordnung heraus verständlicher. »Sich nicht hervorzutun« ist eine chinesische Tugend, die ihren Ursprung im Taoismus hat, der ein Eingreifen des Menschen in den natürlichen Lauf der Welt ablehnt. Wir erleben das »Nicht-Handeln«, das Abwarten, als befremdlich, denn wir nehmen unser Schicksal aktiv in die eigene Hand, und es kann zu Irritationen führen, wenn wir dies in gleicher Weise von den Chinesen erwarten.

Der *zweite* Teil befasst sich mit den traumatischen Ereignissen in China nach Gründung der Volksrepublik im Jahr 1949 bis zur Beendigung der Kulturrevolution 1976. Ich beschreibe Schicksale von Zeitzeugen, mit denen meine chinesischen Kollegen und ich gesprochen haben, um uns ein Bild darüber zu machen, welche familiären und individuellen Tragödien die angestrebte »Umformung der Gesellschaft« durch Mao Zedong ausgelöst hat. Gerade die massive Verletzung traditioneller Grundwerte hat zu nachhaltigen Traumatisierungen, zum Verlust von Orientierung und Weltvertrauen geführt. Die Ursachen der bis heute bestehenden psychischen und physischen Störungen werden verleugnet. Der öffentliche Diskurs wird von einer »Kultur des Vergessens« (Sausmikat 2006) bestimmt.

Das Augenmerk richtet sich im *dritten* Teil auf die Kinder der sogenannten »Verlorenen Generation« der maoistischen Jahrzehnte, auf die jungen Erwachsenen. Auch wenn sie über das oft traumatische Schicksal ihrer Eltern meist wenig wissen – und es wohl auch nicht wissen wollen –, so liegt der Schatten dieser Zeit doch auf ihnen. Viele berichten von einsamen Kindheiten. Sie leiden unter der Last, die durch die politischen Katastrophen nicht erfüllten Lebensentwürfe der Eltern kompensieren zu müssen, um das Gesicht der Familie wiederherzustellen. Vor dem Hintergrund einer hohen Arbeitslosenquote – auch bei Akademikern – bekommt dies besonderes Gewicht. Die Überbewertung von Erfolg und Leistung der Kinder geht nicht selten auf Kosten der emotionalen Reifung, wie ich beispielhaft beschreiben werde. Für die chinesische Familie ist die Einführung der »Ein-Kind-Politik« im Jahr 1979 mit einer neuen »Kulturrevolution« vergleichbar, die nicht nur für die Kinder selbst, sondern auch für Eltern und Großeltern schwerwiegende Folgen hat. So überschneiden sich in den heutigen jüngeren Familien traditionelle Vorstellungen von konfuzianischen Loyalitäten mit einer »forcierten« Individualisierung. Die am Westen orientierte und durch die Medien vermittelte Liberalisierung sexuellen Verhaltens führt häufig zur Überforderung der Jungen und zu intergenerationellen Problemen. Die Gefahr einer Entfremdung zwischen den Generationen ist groß und historisch neu.

Die Auseinandersetzung mit der Frage, ob und inwieweit sich die Psychoanalyse an der Versorgung solcher Probleme beteiligen kann, bildet den Schwerpunkt des *vierten* Teils, in dem ich auch auf ihre frühe Rezeption in den ersten Jahrzehnten des 20. Jahrhunderts sowie auf ihr Verschwinden nach 1949 während der maoistischen Ära eingehen werde. Vor dem Hintergrund der im zweiten Kapitel beschriebenen kulturellen Besonderheiten Chinas, insbesondere der Konfiguration des Selbst, werden basale Konzepte der psychoanalytisch orientierten Behandlung und ihre möglichen Schwierigkeiten für chinesische Therapeuten beschrieben. Dies gilt zum Beispiel für die Herstellung einer »therapeutischen Ich-Spaltung«, die bei den Patienten für die Fähigkeit zur Introspektion, bei Therapeuten für empathisches Verstehen und Erkennen von Übertragungs- und Gegenübertragungskonstellationen wichtig ist. Die Asymmetrie, die eine Therapeut-Patient-Beziehung in gewisser Weise überall bestimmt, ist in China größer als im Westen. Sie zu überwinden gehört auch zu den Zielen einer psychoanalytischen Behandlung. Für chinesische Patienten/Ausbildungskandidaten ist das schwerer, weil sie traditionell Hierarchien sehr viel stärker respektieren. Sie geben dem Therapeuten große Macht und erwarten von ihm, dass er Rat und Empfehlungen zur Bewältigung der eigenen Probleme gibt. Aus dieser Haltung heraus ist es auch verständlich, dass es schwierig ist, negative Übertragungsgefühle oder Konflikte zuzulassen. Diese würden zudem gegen das Gebot des Harmoniestrebens verstoßen. Das Ziel einer psychoanalytisch orientierten Behandlung im Westen, dem Patienten zu helfen, sein Leben eigenverantwortlich und konfliktfähig zu gestalten, steht in krassem Gegensatz zu den Werten einer Gesellschaft, die kollektivistisch und hierarchisch organisiert ist. In China macht eine Anpassung an von außen geforderte Normen den sozialen Wert einer Persönlichkeit aus – wenigstens bisher. Auch wenn sich im Rahmen der kulturellen Globalisierung langsam eine zunehmende Individualisierung abzeichnet, wird dieser Prozess wahrscheinlich noch Generationen dauern. Es stellt sich die Frage, ob das erstrebenswert ist und ob die im Westen vorherrschende Idealisierung von Autonomie dem Menschen angemessen ist. Hinsichtlich einer zukünftigen therapeutischen Praxis wird den Chinesen voraussichtlich zugutekommen, dass sie in der Lage sind, sehr unterschiedliche Aspekte und Ansätze verschiedener Therapieschulen konfliktlos zu integrieren.

1 Kulturspezifische Besonderheiten

So groß die Herausforderung ist, als westlicher Psychotherapeut in einer anderen Kultur zu arbeiten, so schwer ist es, sich aus der kulturellen Selbstbefangenheit zu befreien, die unsere Beobachtungen und unsere Schlussfolgerungen färben.

Wenn ich im Folgenden versuche, Besonderheiten, die mir während meiner Tätigkeit in China begegnet sind, zu beschreiben, so geschieht das mit einer gewissen Naivität und aus einem dezidiert westlichen Blickwinkel – ohne den Anspruch des Kulturwissenschaftlers, der sich aus seiner ethnozentrischen Perspektive zu lösen versucht. Es geht mir um die Beschreibung des Fremden, wie es mir im Alltag und auch beruflich als Ausbilderin in psychoanalytischer Psychotherapie begegnet ist.

Ich werde zunächst die grundlegenden Charakteristika, gleichsam die Matrix chinesischer Kultur, den Konfuzianismus und Kollektivismus beschreiben, um dann auf die sich daraus entwickelnden sozialpsychologischen Besonderheiten einzugehen, die den westlichen Gast herausfordern. Bei diesen Eigentümlichkeiten handelt es sich um unterschiedliche Erfahrung von Grenzen sowohl in der äußeren Realität als auch im inneren Erleben, um Kommunikationsstile, um Scham und um die Angst vor Gesichtsverlust.

Viele der über Generationen verinnerlichten Lebens- und Wertvorstellungen sind zwar heute noch prägend, aber aufgrund des westlichen Einflusses inzwischen stark in Bewegung geraten. Darauf werde ich in den nächsten Kapiteln anhand von einzelnen Lebensgeschichten näher eingehen.

1.1 Konfuzianismus – Kollektivismus

Das Ordnungsprinzip des Konfuzianismus, das seit 2500 Jahren die philosophische und moralische Grundlage Chinas und seiner Nachbarländer ist, geht davon aus, dass der Mensch sich ausschließlich in seinen Beziehungen zu anderen erlebt und definiert. Diese Beziehungen sind zwischen Lehrer und Schüler, Fürst bzw. Partei und Untertan, Vater und Sohn, älterem und jüngerem Bruder, Mann und Frau streng hierarchisch strukturiert. Die traditionell agrarische Wirtschaftsordnung Chinas bildet die gesellschaftliche Grundlage für dieses kollektivistische System gegenseitiger Abhängigkeiten. Selbst, wenn es Beispiele gibt, in denen dieses starre Prinzip infrage gestellt wurde (»Bewegung des vierten Mai«, vgl. Kapitel 4.1), besteht der Zwang, der diese in der Kultur tief verwurzelte Unterordnung verlangt, bis in die Gegenwart weiter.

> In diesen Kontext passt ein kleines, amüsantes Erlebnis anlässlich eines Museumsbesuchs in der Provinzhauptstadt Hefei. Das Museum ist dem weisen Richter Lao Bao aus der Song-Dynastie gewidmet, der, 999 nach Christus geboren, für gerechte Urteile gerühmt wurde, die er unabhängig von der sozialen Herkunft der Angeklagten gefällt haben soll. Mein Blick fiel dann auf die unterschiedlichen Messer, mit denen die zum Tode Verurteilten geköpft wurden: Der Griff des Messers für das einfache Volk hatte die Form eines Hundes, der für die Beamten die eines Tigers und der für die Angehörigen der kaiserlichen Familie die eines Drachen. So blieb die alte Ordnung doch erhalten.

Funktions-, Geschlechter- und Altershierarchien bestimmen das gesellschaftliche Leben – zumindest in den umschriebenen Zusammenhängen. Immer schuldet der Jüngere dem Älteren –unabhängig von seinem eigenen Alter – Respekt und Gehorsam. Dieser Respekt gilt auch den verstorbenen Ahnen. Kindliche Pietät ist der Grundpfeiler konfuzianischer Ethik, Grundlage aller politischen Tugenden. Die »24 Beispiele kindlicher Pietät« sind jedem chinesischen Kind bekannt. Es handelt sich um Geschichten, in denen sich Söhne und Töchter bis zur Selbstverleugnung opfern, um den Eltern ihre Achtung zu erweisen. So wird eine besonders drastische Geschichte erzählt, in der ein armer Mann sein Kind töten will, damit seine Mutter ihr karges Essen nicht mehr mit diesem zu teilen braucht. Noch heute verlaufen die Linien der wichtigsten Beziehungen lebenslang *vertikal*, nach dem Grundmuster des Verhältnisses zwischen Eltern und Kind. In individualisierten Gesellschaften ist der Verlauf dagegen *horizontal*, wie zum Beispiel zwischen Ehepartnern oder Freunden – oder in einem Arbeitsteam (Triandis et al. 1988).

Dem vertikalen Ordnungsprinzip der chinesischen Gesellschaft begegnet man überall: Bei der Eröffnung eines Kongresses sitzen auf der Bühne oft greise Würdenträger, die hohe Ämter repräsentieren, aber mit dem Geschehen manchmal wenig zu tun haben. In den Betrieben, Organisationen, Unternehmen, Schulen oder Kliniken wird von oben nach unten entschieden, ohne dass diese Entscheidungen aus Sicht der Betroffenen immer sinnvoll erscheinen. Kritik einem in der Hierarchie Höherstehenden gegenüber ist weitgehend tabu.

Die uneingeschränkte Macht der Alten, bzw. der Väter, zeigt sich auch in den Mythen. So ist die chinesische Geschichte, die als das Gegenstück zum westlichen Ödipus-Drama gilt, aufschlussreich:

Xue Rengui, ein hoher Würdenträger der Tang Dynastie, berühmt für seine Kunst des Bogenschießens, wird vom Kaiser für 18 Jahre in eine entfernte Provinz geschickt, ohne zu wissen, dass seine zurückgelassene Frau schwanger ist. Bei seiner Rückkehr bemerkt er einen jungen Mann, der es auf kunstvolle Weise versteht, Gänse mit dem Bogen zu erlegen. Xue fordert den jungen Mann zu einem Wettschießen heraus, erschießt ihn jedoch, weil er es nicht ertragen kann, dass ihm jemand überlegen ist. Als er nach Hause kommt und fremde Schuhe unter seinem Bett findet, bezichtigt er seine Frau der Untreue. Sie berichtet ihm, dass diese dem gemeinsamen Sohn gehörten, der auf der Jagd sei. Beide machen die schreckliche Entdeckung, dass der Vater den Sohn getötet hat (vgl. Blowers 2006).

Im abendländischen Mythos tötet der wegen eines Orakelspruchs, er würde eines Tages seinen Vater umbringen, als Kind ausgesetzte Ödipus den ihm unbekannten Vater Laios und heiratet seine Mutter Iokaste. Er leidet, nachdem die Tat aufgeklärt ist, an lebenslanger Schuld und bestraft sich durch Blendung von eigener Hand.

Die Geschichten sind reziprok: Vatermord im antiken Griechenland, Sohnesmord im chinesischen Pendant – beide Taten geschehen unwissentlich. Während der Preis im Westen die tragische Schuld des Sohnes ist, bleibt die Macht des Vaters im Reich der Mitte bestehen, seine Tat wird nicht hinterfragt. Die hierarchische

Ordnung bleibt damit unangetastet. Er kann keine Schuldgefühle haben, weil sein Verhalten ihn nicht in Konflikt mit den kulturellen Normen bringt.

Dass die hierarchische Gesellschaftsordnung nach wie vor eine große Rolle spielt, kann aus den kulturvergleichenden Untersuchungen von Hofstede (2001) abgeleitet werden. Er untersuchte unter anderem die Kategorien »Machtdistanz« und »Individualismus«. »Machtdistanz« beschreibt zum Beispiel die Bereitschaft einer Gesellschaft, Ungleichheit bei der Verteilung von Macht in der Öffentlichkeit, in Organisationen oder der Familie zu tolerieren, ja sogar zu akzeptieren. China rangiert auf einer Skala von 1 bis 100 mit einem Wert 80 Punkten hoch (sonstige ostasiatische Länder liegen bei 60, der Weltdurchschnitt bei 55 und Deutschland bei 35 Punkten). In der Kategorie »Individualismus«, die über den Grad von Unabhängigkeit und Selbstverantwortlichkeit Auskunft gibt, liegt China mit einem Wert von 15 am unteren Ende der Skala (sonstige ostasiatische Länder 24, Deutschland 67). Beide Kategorien, die ausgeprägte Machtdistanz und der geringe Individualismus, bedingen sich. Sie sind Ausdruck autokratischer, hierarchisch ausgerichteter Gesellschaften und im Falle Chinas aus dem konfuzianischen Erbe unmittelbar evident. Die Unterordnung des Einzelnen unter die Ziele, die dem Wohl der Gesamtheit dienen, enthebt ihn auch weitgehend einer Übernahme persönlicher Verantwortung.

Im Zentrum der chinesischen Gesellschaft steht die Großfamilie. Für Brüder und Schwestern, mütterliche und väterliche Onkel und Tanten oder Großeltern gibt es jeweils unterschiedliche Begriffe, sodass die Orientierung für bestimmte Rollen, die die unterschiedlichen Familienmitglieder einnehmen, erleichtert wird. Um den Familienclan ordnen sich konzentrisch wie Zwiebelschalen weitere familienähnliche Gruppierungen mit verbindlichen Zugehörigkeiten: Die Nachbarschaft, das Dorf und in den Städten seit den 50er Jahren des letzten Jahrhunderts die Arbeitseinheiten, die sich jetzt im Zuge des wirtschaftlichen Wettbewerbs auflösenden »Danweis« (Fabriken, Schulen, Universitäten, Kliniken etc.). Sie übernehmen die Versorgung und die soziale Verantwortung. So sind sie zum Beispiel für Wohnungsbeschaffung, Ausbildung, Kranken- und Altersversorgung, Freizeitangebote, Kindergärten, Heiraten und Scheidungen zuständig. Damit geht auch einher, dass diese Gemeinschaften eine machtvolle Kontrollinstanz sind – es gab in diesen Verbünden kaum Geheimnisse. Bis heute zeigt sich das familiäre Grundmuster der chinesischen Gesellschaft darin, dass gute Freunde als Brüder oder Schwestern, geachtete Ältere als Väter oder Mütter bzw. Großväter oder Großmütter bezeichnet werden.

Das Hauptziel ist die harmonische Gesellschaft, die dadurch garantiert wird, dass dieses Netzwerk gegenseitiger Abhängigkeiten Aufgaben im Interesse des Ganzen übernimmt. Wie die Steine in einer Mauer stützen sich die Menschen gegenseitig, um eine tragfähige, verlässliche Gemeinschaft zu bilden. Löst sich auch nur ein Stein, so kann das ganze Kollektiv – sein Funktionieren oder auch sein Ansehen – zusammenbrechen. Die Sorge des Einzelnen gilt mehr der Gruppe als dem Individuum und auch das innere Radarsystem des Einzelnen ist auf das Wohlbefinden und den Erhalt des Ganzen, sei es in der Familie, sei es im Arbeitsbereich, ausgerichtet. Im Alltag zeigt sich diese Gemeinschaft sehr schön bei einem Restaurantbesuch. Bestellt wird nicht für den Einzelnen, sondern für die Gruppe, die um einen großen Tisch versammelt ist. Die verschiedenen, auf einer Drehscheibe platzierten Speisen sind für alle da, und jeder holt sich mit seinen Stäbchen das, was er möchte. Diese Gesellschaftsordnung vermittelt dem Einzelnen auch die Sicherheit, immer seinem sozialen Netz aufgefangen zu werden und darauf vertrauen zu können, dass seine Beziehungen *(guanxi)* ihm Vorteile ermöglichen.

> Nicht selten habe ich von den vielfältigen Beziehungen meiner chinesischen Kollegen profitiert. So war es für mich immer wieder ebenso erstaunlich wie amüsant, dass für mich Dinge von meinen Gastgebern oder Schülern organisiert oder beschafft wurden, die nicht leicht zu bekommen waren oder die außerhalb des Normalen lagen. Irgendjemand kannte immer irgendjemanden, der Zugang zu dem Gewünschten hatte, und in der Freude über meine Überraschung lag dann auch immer ein wenig Stolz.

Guanxi-Beziehungen sind solche zwischen einzelnen Menschen, die, wenn sie nicht aus derselben engeren oder weiteren Familie stammen, doch meist einen irgendwie gearteten gemeinsamen Hintergrund haben: Die Schulklassengemeinschaft, die gleiche Universität, der gleiche frühere Arbeitsplatz, die gleichen Freunde, der gleiche Heimatort etc. sind Grundlage für gegenseitiges, unhinterfragtes Vertrauen. Wesentliches Merkmal dieser Art von Beziehungen ist, dass wechselseitige Verpflichtungen eingegangen werden. Tut jemand einem anderen einen Gefallen, so erwartet er auch eine Gegenleistung – und wenn die unbezahlten »Schulden« auch erst in der nächsten Generation eingelöst werden (Chen M.-J. 2004).

Bei einem *Guanxi*-Netzwerk handelt es sich also um eines, das quer durch die oben beschriebenen Strukturen reicht. Es liegt am Einzelnen, seine Verbindungen durch Aufmerksamkeiten, Geschenke und Freundlichkeiten zu pflegen, damit ihm im Gegenzug Sicherheit und Erfolg ermöglicht werden.

Sich aus dem vertrauten Netz lösen zu müssen, löst oft große Ängste aus. Als eine völlig harmlose und, wie ich meinte, förderliche Entscheidung von mir auf erbitterten Widerstand stieß, wurden mir die Unterschiede der kulturellen »Ausgangspositionen« meiner Studenten und mir deutlich:

> Während der Jahre, die ich an dem Beratungs- und Psychotherapiezentrum unterrichtete, wurde ich immer wieder gebeten, neue Kollegen mit in die Unterrichtsgruppe aufzunehmen. Abgesehen davon, dass die Teilnehmer so ein sehr unterschiedliches Ausbildungsniveau hatten, und die Erfahreneren immer wieder mit basalen, schon bekannten Inhalten konfrontiert wurden, war mir die Gruppe, die inzwischen auf etwa 25 Kollegen angewachsen war, zu groß, um produktives Lernen zu garantieren. Ich entschloss mich, die Schüler aufzuteilen, um so ihrem jeweiligen Ausbildungsstand gerechter zu werden. Dieser Versuch löste eine längere Krise mit vielen Tränen aus. Keiner konnte meinen Entschluss, den ich gegen erheblichen Widerstand durchsetzte, verstehen und die »Neuen« fühlten sich nicht nur unverstanden und ausgegrenzt, sondern auch diskriminiert. Erst als sich herausstellte, dass auf diese Weise ein sehr viel intensiveres und erfolgreicheres Lernen möglich war, was dann auch dankbar erkannt wurde, beruhigte sich der Sturm.

Mir wurde klar, dass das Zusammensein in einer vertrauten Kollegengruppe einen sehr viel höheren Stellenwert hat als eine bessere, weil »individualisierte« Ausbildung durch ein intensiveres, die Bedürfnisse des Einzelnen stärker berücksichtigendes Vorgehen.

Auch Auslandsaufenthalte allein reisender chinesischer Wissenschaftler sind für diese oft eine große Herausforderung, die mit starken Einsamkeitsgefühlen, depressiven Verstimmungen oder psychosomatischen Beschwerden einhergehen kann. Erstaunlich schnell stellt sich aber – zumindest in größeren Städten – Kontakt zu Landsleuten her, die die Vereinzelten in ihrer Gruppe aufnehmen. Das Schutzbedürfnis ist nach meiner Beobachtung deutlich größer als die Neugier auf eine zunächst noch fremde Welt.

> Als ein mir lange bekannter chinesischer Wissenschaftler sich anlässlich eines Kongresses in Hamburg aufhielt, lud ich ihn ein, ihm in meinem Auto die Stadt zu zeigen. Er lehnte höflich ab. Auch als ich meine Einladung ausweitete und ihm anbot, drei weitere Kollegen auf die Besichtigungstour mitzunehmen, war er nicht zu bewegen. Er zog es vor, mit einer großen Gruppe von Landsleuten in einem chinesischen Restaurant zu speisen.

Dass die Rechte des Einzelnen im chinesischen Denken eine untergeordnete Rolle spielen, wird vor dem Hintergrund dieser gesellschaftlichen Textur verständlicher. Dies zeigt sich auch in der Resistenz chinesischer Politiker, sich der international eingeklagten Diskussion um die Menschenrechte zu stellen. Eine Tausende von Jahren währende Sozialisation, die immer nur das Wohl des Kollektivs im Blick hat, hat sich trotz Globalisierung tief in das Bewusstsein eingegraben.

1.2 Grenzen

Im Folgenden geht es um den spezifisch chinesischen Umgang mit Grenzen in ihren unterschiedlichen Manifestationen. Dabei handelt es sich um ganz konkrete Grenzen wie Mauern und Wände, aber auch um nicht greifbare, psychische oder auch um Grenzenlosigkeit, nämlich um eine Diffusion der privaten in die öffentliche Sphäre. Darüber hinaus trennen unsichtbare Barrieren diejenigen, die sich aufgrund ihrer Familien, ihrer Herkunft oder ihrer beruflichen Zusammenarbeit verbunden fühlen, von jenen Außenseitern, die nicht dazu gehören und ausgegrenzt werden. Ich werde die geringe Abgrenzung der Menschen untereinander innerhalb der Sozialisationsgemeinschaft beschreiben. Schließlich gehe ich auf die Konstruktion des »Selbst« als Geteiltes, als »Dividuum« ein, das dem westlichen »Individuum« gegenübersteht.

1.2.1 Mauern und Zäune

Die Große Chinesische Mauer, die China viele Jahrhunderte vor dem als feindlich angenommenen Außen schützen sollte, materialisiert und symbolisiert zugleich das tiefe Bedürfnis nach Sicherheit und steht für viele Mauern und Grenzen, reale oder virtuelle, große oder kleine, auf die der Gast trifft. Mauern oder hohe Eisenzäune umrahmen Parks, Krankenhäuser, Universitäten, Tempel, Wohnviertel, Restaurants, Hotels, Museen, Handelsvertretungen und die noch aus der Kaiserzeit oder der bürgerlichen Republik erhaltenen Villen. An den Eingangstoren stehen Wächter, die die Kommenden kontrollieren. Waren es anfangs die Barbaren, die dem zivilisierten Reich der Mitte bedrohlich erschienen, so waren es später die Fremden aus aller Welt, die auf Distanz gehalten werden mussten. Dies ging während der Kulturrevolution (1966–1976) so weit, dass jeder Kontakt zu Ausländern als spionageverdächtig verboten und bestraft wurde.

Heutzutage hat die Große Chinesische Mauer ihre Funktion als Schutzwall nach außen verloren und besitzt nur mehr touristischen oder symbolischen Wert. Das Land als Ganzes wird jetzt allerdings von einer neuen Mauer umgeben, der »Great Firewall«, die Internetnutzer daran hindert, Informationen zu bekommen, die der Regierung unerwünscht sind. So ist es für Chinesen manchmal schwer, einen (politischen) Blick in die weite Außenwelt zu werfen – oder auch nicht konforme oder kritische Geister im eigenen Land wahrzunehmen.

1.2.2 Innenräume

Das Gefühl des Umgrenzt- bzw. Eingeschlossen-Seins nach außen kontrastiert mit einer für Fremde ungewöhnlichen Unbefangenheit, wenn man die Schwelle erst einmal überschritten hat. Die Türen stehen nun offen, es gibt nichts zu verbergen.

> In dem Krankenhaus, in dem ich lehrte, konnte in den ersten Jahren meiner Tätigkeit jeder, der Lust hatte, so auch die Ambulanzpatienten oder die Schwestern, während meines Unterrichts die Räume betreten, ohne dass ich den Eindruck hatte, dass dies meine Kollegen störte. Auch geschlossene Türen, wie die meines Konsultationsraumes, wurden neugierig geöffnet und immer wieder stand plötzlich ein fremder Mensch im Zimmer, der ganz offensichtlich nicht das Gefühl hatte, am falschen Ort zu sein, und der dann zu seinem Erstaunen hinauskomplimentiert

werden musste. Putzfrauen reinigten ungerührt mein Dienstzimmer, auch wenn ich in einem therapeutischen Gespräch war – bis ich sie bat, dies zu verschieben. Auch die Toiletten – für den westlichen Menschen geradezu Inbegriff des Privaten – haben in älteren Gebäuden keine Türen oder Wände, sodass ihre Benutzung für manche China-Besucher zu einem Problem wurde. Mittlerweile wird dieser Not durch Kabinen westlichen Stils begegnet, deren Türen aber oft so klein sind, dass die Abschirmung nur notdürftig gewährleistet ist. Geht man in der Mittagspause durch die Flure, begegnet man auf Stühlen und Sesseln zunächst essenden, dann schlafenden, oft schnarchenden Genossen, die den öffentlichen zu ihrem eigenen Ruheraum gemacht haben, ohne dass sie den Eindruck machen, sie wären darüber verlegen.

Immer wieder gibt es – allerdings wenig wirksame – Kampagnen gegen die »Unsitte«, mit Schlafanzügen auf die Straße oder in die Supermärkte zu gehen. Diese Gewohnheit, die insbesondere in Shanghai weit verbreitet ist, gilt aber inzwischen als unzivilisiert. Dennoch hatte eine kostenlose Verteilung von T-Shirts nur wenig Erfolg. Die Gepflogenheit soll auf die Zeit zurückgehen, als Einwohner chinesischer Städte in Gemeinschaftsunterkünften lebten und kaum eine Privatsphäre kannten.

1.2.3 Soziale Räume

Einschneidender ist für den westlichen Gast jedoch das Erleben unsichtbarer Grenzen zwischen einem »Innen«, in dem man seine bestimmte Rolle und Aufgabe hat, und dem »Außen«, in dem man unbekannt und bedeutungslos ist. Die Diskrepanz ist groß.

So genoss ich in meiner Rolle als Dozentin großen Respekt und liebevolle Fürsorge, insbesondere was mein leibliches Wohl betraf. Es wurden mir gleichsam Wünsche von den Augen abgelesen, die ich gar nicht hatte. Inbegriff chinesischer Gastfreundschaft ist die orale Verwöhnung. Ich konnte mich kaum dagegen wehren, mit Nahrungsmitteln (über)versorgt zu werden. Als ich einmal anlässlich einer Vortragsreise mein Hotelzimmer betrat, war das ganze Doppelbett von frischen und getrockneten Früchten und Keksen übersät, eine Menge, die für eine ganze Woche gereicht hätte. Sowohl mittags als auch abends wurden mir zu Ehren

Bankette gegeben, mit ausgesuchten Speisen, die mir von meinen Tischnachbarn freundlich, fröhlich und aufmunternd in die Schalen geschaufelt wurden. Ich war der angesehene Gast, der geehrt und verwöhnt und dessen Wichtigkeit mir immer wieder dankbar versichert wurde. Das gab mir das unumstößliche Gefühl, in der Fremde willkommen zu sein. Ich, die deutsche Laoshi (Lehrerin), gehörte zu meinen Schülern, ein Gefühl, das sich auch nach meiner Abreise nicht verlor.

Ganz anders war es dagegen, wenn ich diesen sicheren Rahmen verließ und mich in anonymen Situationen bewegte. Der Unterschied hätte krasser nicht sein können. Außerhalb der mir in meiner Rolle zugedachten Grenzen ging es oft rüde zu: Auf den Straßen, in den Supermärkten, in Bussen und in der U-Bahn erlebte ich eine bemerkenswerte Rücksichtslosigkeit der Menschen untereinander und auch mir gegenüber, sodass ich gelegentlich hoffnungslos verloren war. Ich wurde angerempelt, mir wurde der angepeilte Sitzplatz weggeschnappt oder mir ging mein Platz in einer Warteschlange verloren, wenn ich nicht genau aufpasste. Ich konnte – auch bei Nachfrage – mit keinerlei Orientierungshilfe rechnen, auch dann nicht, wenn ich mich verlaufen hatte oder in einem Kaufhaus etwas Besonderes suchte. Viele Angesprochene sahen durch mich hindurch – ohne spürbare Reaktion.

Oft konnte ich nachts in meinem Hotel kein Auge schließen, weil der Lärm auf dem Flur so groß war. Keiner schien sich um Rücksicht auf Schlafbedürftige zu scheren: In den Nebenzimmern wurde Mah-Jongg gespielt, die Spieler und die zahlreichen Zuschauer trampelten laut rufend von einem Raum in den anderen. In Restaurants erlebte ich nicht selten, dass Gäste so laut mit ihren Handys telefonierten, dass ich mein eigenes Wort nicht mehr verstand. Auch bei grünen Ampeln ist es gefährlich, über die Straße zu gehen, weil die Autofahrer sich kaum darum kümmern, wenn man sich vertrauensvoll an die Überquerung einer Straße macht, dabei aber feststellen muss, dass die Fahrer kaum ihre Geschwindigkeit reduzieren. Nicht nur mir gegenüber, sondern auch unter Einheimischen erlebte ich wenig Hilfsbereitschaft. Um Unfallopfer scharen sich Neugierige, aber kaum jemand leistet Hilfe. Diesen mangelnde Respekt vor den anderen habe ich immer als befremdlich erlebt, umso mehr, als sich im Gegensatz zu uns westlichen Besuchern meine chinesischen Mitmenschen in keiner Weise über diese Rücksichtslosigkeiten aufregten.

Für mich war diese unterschiedliche Umgangskultur in Abhängigkeit von der jeweiligen Situation, in der ich mich befand, immer wieder verwirrend. Gehörte ich dazu, konnte ich mir keine herzlichere und großzügigere Behandlung vorstellen, war ich die Unbekannte und sichtbar Fremde, so konnte ich nur äußerst selten mit Unterstützung rechnen. Dieses Phänomen beschreibt auch ein chinesischer Familientherapeut: In China mangele es außerhalb der Familie an Solidarität und Sympathie, Altruismus beschränke sich auf den Familienbereich (Zhao 2006, S. 66).

1.2.4 Psychische Räume

Subtiler als im Alltagsleben zeigt sich das Phänomen der Grenzen oder besser der Abgrenzung, wenn es um innere, psychische Prozesse geht.

Dass unterschiedliche Kulturen jeweils charakteristische Persönlichkeitsmuster und Selbstbilder hervorbringen, ist von verschiedenen Autoren beschrieben worden (Bond/Hwang 1986; Triandis et al. 1988; Markus/Kitayama 1991, 1998; Heine 2001). Das »Selbst« als Konstrukt, das physische, psychische und soziale Aspekte einer Person in sich vereint, wird durch die spezifischen kulturellen und historischen Gegebenheiten, die die Sozialisation des Einzelnen bestimmen, geformt. So prägen uns Sitten, Mythen, Lebensformen, Gewohnheiten und Traditionen.

In ihrer klassischen Arbeit »Culture and the Self« ordnen Markus und Kitayma (1991) individualistischen Kulturen ein unabhängiges *(independent)*, kollektivistischen Kulturen ein bezogenes *(interdependent)* Selbst zu.

In unserer westlichen Kultur ist psychische Gesundheit eng mit der Autonomie einer Person verbunden. Die Fähigkeit, den Grundkonflikt zwischen Abhängigkeitswünschen und Bedürfnissen nach Eigenständigkeit so zu lösen, dass Handlungsfähigkeit und Kreativität gewährleistest sind und der Mensch eine unverwechselbare, situationsunabhängige Identität entwickelt, gilt als Kennzeichen eines gelungenen Reifungsprozesses in unserer auf das Individuum zentrierten Sozialisation. Gegen den Strom zu schwimmen, löst bei uns eher Bewunderung als Kritik aus. Der Idee des »Selbst« als Grundlage individueller Freiheit und Würde wird große Bedeutung beigemessen. Selbstverwirklichung, Selbstkontrolle, Selbstbestimmung sind hoch besetzte Werte, die die verinnerlichten Maßstäbe und Normen widerspiegeln.

Der Individuationsprozess, der im Lebenslauf vor allem in der Adoleszenz vonstattengeht, ist der chinesischen Kultur fremd. Bis in die heutige Zeit hat in China der Begriff »individualistisch« eine abwertende Konnotation und wird mit »selbstsüchtig« und »egoistisch« in Verbindung gebracht (vgl. Bond/ Hwang 1986; Tam 1997; Wang Z. 2007). Die Bezugsgruppe selbst fühlt sich durch nicht konformes Verhalten eines Mitglieds latent infrage gestellt.

In ostasiatischen, konfuzianisch geprägten Gesellschaften wird der Einzelne nie als eine von der Familie oder Bezugsgruppe isolierte Einheit wahrgenommen, sondern, wie bereits beschrieben, als interagierender Teil eines sozialen Netzwerks. Seine Persönlichkeit ist vergleichbar mit einem Ei ohne Schale, das aber über eine weiche, fließende Membran verfügt, die ihm eine gewisse Kohärenz gibt. Diese ist jedoch nicht so ausgeprägt wie bei abendländischen Menschen. Das individualisierte, westliche Selbst grenzt sich mit einer harten Schale von seinen Mitmenschen ab, was ihm eine gewisse Unabhängigkeit und Eigenständigkeit ermöglicht. Dieses Bild wird von Mori Joji (1977, zit. n. Creighton 1990, S. 294) für die japanische Persönlichkeit benutzt, kann aber gut auf die chinesische übertragen werden. Die Reife einer ostasiatischen Persönlichkeit wird hingegen durch die *Anpassungsfähigkeit* des Selbst an unterschiedliche Aufgaben und Situationen definiert (Heine 2001, S. 886).

Die Generation der über 30- bis 40-Jährigen in der heutigen Volksrepublik ist noch in großen Familien aufgewachsen. In den Jahren 1950 bis 1958 sowie 1962 bis 1970 hatte jede Familie über sechs Kinder (Zeng 1991; ein vorübergehender Geburteneinbruch auf 3,87 Kinder war durch die große Hungersnot 1959 bis 1961 verursacht). Großeltern, Tanten, Onkel, Vettern und Cousinen sowie die Geschwister hatten untereinander engen Kontakt und die Älteren teilten sich das Großziehen der Kinder. Es war nicht unüblich, dass die väterlichen Großeltern oder die älteren Geschwister der Eltern eine sehr viel einflussreichere Rolle für die Kinder spielten als die Eltern selbst, da sie ja in der familiären Hierarchie die übergeordnete Position einnahmen. Es gab also für die Kinder *multilaterale Identifikationsmöglichkeiten*, die die Bildung eines gleichsam geschmeidigeren Selbst ermöglichten.

Die *Aufrechterhaltung von Harmonie* in der sozialen Ordnung unter Hintanstellung eigener Wünsche ist das wichtigste Ziel einer konfuzianisch geprägten Erziehung. Der Einzelne definiert sich über seine Beziehungen und Interdependenzen. Unter diesen Bedingungen müssen sich zwangsläufig andere psychische Strukturen bilden als im Westen. Dem westlichen Individuum als »ungeteiltem Wesen« steht das geteilte östliche »Dividuum« mit seinem interdependenten Selbst gegenüber, das sich weitgehend über seine zwischenmenschlichen Beziehungen definiert. Tam (1995) spricht von einem *Rollenselbst* oder einem *Objektselbst.*

Wenn die Lehre des Konfuzius bis heute die Struktur der chinesischen *Gesellschaft* bestimmt, so ist es der *Daoismus*, der das chinesische Denken und die *Psyche* des Einzelnen prägt, wobei sich beide Lehren ergänzen und beide die Entwicklung des weniger konsistenten östlichen Selbst prägen. Wenn das abendländische Denken durch Logik, Zielgerichtetheit und Rationalität bestimmt ist, so ist es in der daoistischen Tradition kontextorientiert, beweglich, auf das Ganze bezogen (holistisch) und dialektisch. Die Wirklichkeit befindet sich in der chinesischen Vorstellung in einem ständigen Wandel und ist voller Widersprüche. Neuere kulturpsychologische Erkenntnisse weisen auf die wichtige Rolle hin, die die daoistische Lehre in Form volkstümlicher Sprichworte oder Parabeln in der chinesischen Sozialisation hat, und sprechen von »naiver Dialektik« *(naive dialecticism).* Sie grenzen sich in dieser Begrifflichkeit von Hegel ab, weil es in der daoistischen Dialektik keine Synthese gibt: Widersprüche und Unvereinbarkeiten bleiben bestehen, ohne dass es ein Bedürfnis nach Klärung gibt (Nisbett 2003; Peng et al. 2006; Spencer-Rodgers et al. 2009). Wir sehen, dass das kulturelle Fundament, auf dem das chinesische Selbst im Vergleich zum westlichen fußt, sehr viel beweglicher und verschiebbarer ist – und dass es nicht verwunderlich ist, wenn es, wie ich im nächsten Abschnitt zeigen werde, zu Verständnisschwierigkeiten kommen kann.

Aus anderer Sicht gibt ein Befund aus der kulturpsychologischen Forschung einen interessanten Hinweis auf die unterschiedliche Entwicklung des Selbst in West und Ost: Das autobiografische Gedächtnis, das als Indikator für die Einordnung und Organisation früher kindlicher Erlebnisse gilt und somit ausschlaggebend für die Entwicklung, die Aufrechterhaltung und den Ausdruck des Selbstkonzeptes ist, reicht in westlichen Kulturen signifikant weiter zurück als in ostasiatischen. In einer stärker gruppenbezogenen Sozialisation differenziert sich das »Ich-Gefühl« deutlich später (Mullen 1994; Wang Q. 2001; Markowitsch/Welzer 2005). Ob und inwieweit sich dies im Zuge der Ein-Kind-Politik ändern wird, werden spätere Forschungen aufdecken.

Das enge verwandtschaftliche Netzwerk impliziert auch eine lange Abhängigkeit der Kinder von ihren Eltern. Einige Autoren weisen darauf hin, dass die orale Phase im Leben chinesischer Kinder länger ist als die westlicher und dass die Sauberkeitserziehung deutlich laxer sei. Allgemein würden die kleinen Kinder sehr viel später ermutigt, sich eigenständig zu verhalten (Ng 1985; Tseng 2005; Zhao 2002). Die Familie hat große Macht über ihren Nachwuchs, das ist bis heute so. Verschiedene Studien (vgl. Ching 1997) zeigen, dass chinesische Eltern ihre Kinder, auch wenn sie bereits größer sind, weniger zu Selbstständigkeit erziehen als westliche und dass das Ziel westlicher Sozialisation, nämlich Selbstverantwortlichkeit, auf chinesische Adoleszente nicht angewendet werden kann.

Einige Erfahrungen mögen das verdeutlichen:

> In der psychotherapeutischen Ambulanz, in der ich arbeitete, kamen auch die erwachsenen Patienten meist in Begleitung von mehreren, mindestens aber einem Familienangehörigen. In den meist auf engem Raum zusammenlebenden Familien gibt es keine Geheimnisse, die als Abgrenzungsmöglichkeit bedeutungsvoll sind. Die Grenzen in den Familien sind generell fließend. Im Gegensatz zu westlichen Kindern, die schon früh separiert werden, schlafen chinesische Kinder in den ersten Lebensjahren selbstverständlich und unabhängig von den Wohnungsgrößen meist im gleichen Raum, oft sogar im gleichen Bett wie ihre Eltern oder ein Elternteil, nicht selten ist dies auch noch in der Pubertät oder Adoleszenz der Fall. Zu meiner Überraschung war es nicht ungewöhnlich, dass Mütter Informationen über ihre Kinder an die Therapeuten weitergaben, die sie aus der Lektüre ihrer Tagebücher gewonnen hatten.

So gibt es – anders als im Westen – im traditionellen China mit seiner gruppenbezogenen Sozialisation und seinem allgemeinen Streben nach Harmonie eher selten Generationskonflikte zwischen Jugendlichen und Erwachsenen. Rebellionen gegen die Eltern sind tabu (Sun 1994). In diesem Zusammenhang sind die Arbeiten von Erdheim (1984) interessant. Er betont, dass das für die Adoleszenz spezifische Interesse für das Neue oder Fremde, die Öffnung nach außen, das Überwinden des familiären Schutzes – unter Nutzung der altersspezifischen narzisstischen Größenfantasien – für die Fortentwicklung und geistige Produktivität einer Gesellschaft eine wichtige Bedeutung hat.

Ich werde in Teil drei zeigen, wie sich angesichts der derzeitigen Transformation der Gesellschaft Generationsprobleme anbahnen.

1.3 Kommunikation

Nirgends manifestiert sich das aus dem konfuzianischen und daoistischen Erbe gebildete »weiche« chinesische Selbst so deutlich wie im Kommunikationsstil. Dieser führt bei westlichen Besuchern zu Verwirrungen. Während wir schon früh dazu angehalten werden, uns klar und deutlich zu äußern, bleiben die Aussagen der Chinesen für unser Gefühl oft vage, ungefähr und sogar widersprüchlich, wie sich unmittelbar aus den Ausführungen im letzten Abschnitt ableiten lässt.

> So habe ich während meines Unterrichts häufig erlebt, dass ich auf meine Frage nach Zusammenhängen mit alternativen, sich für mein Gefühl ausschließenden Möglichkeiten, ein einfaches, ernsthaftes »Ja« oder »Nein« als Antwort bekam. So zum Beispiel, wenn ich fragte, ob der Therapeut eher Wut oder Traurigkeit bei dem vorgestellten Patienten wahrgenommen habe. Im Gegensatz zu meinen chinesischen Kollegen, die mit dieser Antwort zufrieden waren, machten mich diese Aussagen etwas ratlos.
>
> Oft, wenn meine Kollegen über ihre Behandlungen berichteten, war es für mich schwer bis unmöglich, einen roten Faden in ihren Schilderungen zu entdecken, der es mir erlaubt hätte, mir in meiner Vorstellung eine »Gestalt« als Schlüssel zum Verständnis der jeweiligen Psychodynamik der berichteten Fälle zu bilden. Ich war es nicht gewohnt, implizite Botschaften zu entschlüsseln. Für mich als Außenstehende schienen die Kollegen um das zentrale Problem herumzureden, und ich hatte das intensive Bedürfnis, die Diskussion zu strukturieren.

Dem westlichen Streben nach Konsistenz und Eindeutigkeit steht die Fähigkeit der Chinesen entgegen, Unvereinbarkeiten als gleichsam naturgegeben bestehen zu lassen. Während wir viel Energie darauf verwenden, Widersprüche aufzulösen, sind sie im chinesischen Denken und Leben selbstverständlich. Schon im daoistischen Yin und Yang ist dieses dialektische Verständnis der Welt angelegt, beides gehört zusammen – wie Sonne und Schatten.

Mehrdeutigkeit und »Ungenauigkeit«, denen wir als Menschen der westlichen Hemisphäre in China begegnen, finden sich in wesentlichen kulturellen

Errungenschaften. Der Sinn von Schriftzeichen kann nur aus dem Zusammenhang des Textes erschlossen werden. Die chinesische Sprache hat keine den europäischen Sprachen vergleichbare Grammatik, es gibt weder eine Deklination der Substantive noch eine Konjugation der Verben. Der traditionell chinesischen Landschaftsmalerei fehlt die Zentralperspektive. In ihren oft nur angedeuteten Linien, die wir oft als sehr poetisch wahrnehmen, kann jedes Detail zum Zentrum werden (Schultz 2007).

In unserem Bedürfnis nach Bestätigung und Klarheit müssen wir in China viele Verunsicherungen aushalten. Zwei weitere, häufig erlebte Beispiele sollen das verdeutlichen:

> Oft haben wir, meine deutschen Kollegen und ich, uns auf unseren langen Flügen nach China gefragt, ob wohl jemand am Flugplatz sein würde, um uns abzuholen und sicher an den richtigen Ort zu geleiten. Keiner von uns hatte nämlich eine Antwort auf die Ankündigung unserer Ankunft bekommen, was die weniger China-Erfahrenen beunruhigte. Natürlich wurden wir dann von unseren Freunden und Kollegen pünktlich und herzlich in Empfang genommen.
>
> Nachdenklich wurde ich, als mir eine chinesische Freundin sagte, dass ich mich bei meinen chinesischen Freunden und Kollegen viel zu viel für die freundlichen Gesten und Aufmerksamkeiten, die mir entgegengebracht wurden, bedankte. Das tue man in China nicht – das sei selbstverständlich. Ein »Danke« sei viel zu formal und grenze sogar an Unhöflichkeit. Mir fiel dann auch auf, dass ich bei Einladungen bei vertrauteren Menschen auf meine Gastgeschenke selten eine Reaktion bekam.

Allen hier beschriebenen Situationen liegt ein Kommunikationsstil zugrunde, der mich zunächst in meinem unerwiderten Wunsch nach Bestätigung – oder einfach auch nur nach einer Reaktion – tief befremdete. Hier wurde eine Selbstverständlichkeit von Gemeinschaft und Bezogenheit vorausgesetzt, die wir nicht kennen, es sei denn in Verbindung mit Menschen, die uns lange vertraut sind. Wir haben das Bedürfnis, uns immer wieder abzusichern, zu reagieren, so zum Beispiel mit einem den anderen würdigenden »Danke«. Wir verlassen uns nicht ohne Weiteres darauf, dass wir bei komplizierteren Sachverhalten gleich verstanden werden. Das Gemeinte wird geklärt oder auch erklärt. Wir nehmen unsere Gesprächspartner als Gegenüber mit einer eigenen Individualität wahr, auf die wir jeweils unterschiedlich reagieren, zum Beispiel bestätigend oder auch ablehnend. In ostasiatischen Kulturen bleibt das Gemeinte oft in der Schwebe, es ist offener, fließender. Eindeutigkeit wird eher vermieden, kommuniziert wird an den »Rändern der Artikulation« (Schultz 2007).

In diesem Zusammenhang möchte ich auf die Arbeit des amerikanischen Anthropologen Hall hinweisen. Erstmalig 1976 hat der Autor für unterschiedliche Kulturen jeweils typische Kommunikationsstile beschrieben. Er unterscheidet Kulturen unter anderem danach, ob sich Verständigung in einem *high context* oder einem *low context* abspielt. Beide Kommunikationsformen liegen an den Enden einer Skala. China liegt – wie auch andere ostasiatische Länder – im *high context*-Bereich der Skala, während die USA und nordeuropäische Länder mit einer *low context*-Kommunikation am entgegengesetzten Ende angesiedelt werden (vgl. Hall 1989).

Kommunikation mit hohem Kontext findet man in kollektivistischen Gesellschaften, in denen die Menschen meist in Mehrgenerationen- bzw. Großfamilien aufwachsen. Diese Kulturen sind sehr stabil und verändern sich langsam. Die Menschen haben lang andauernde, enge Beziehungen, sie kennen sich so gut, dass sie ein implizites Wissen über ihre Mitmenschen haben, das in den engen persönlichen Netzwerken und im Berufsleben durch Beobachtung und Imitation erworben wird. Sprechende und Zuhörende teilen die gleichen Informationen und Annahmen und kommunizieren gleichsam »symbiotisch« miteinander, das heißt, ohne sich viel erklären zu müssen. Dabei werden kleinere Meinungsverschiedenheiten ignoriert und größere Probleme verleugnet.

Der *high context-Kommunikationsstil* belegt noch einmal eindrucksvoll das Phänomen des im letzten Abschnitt beschriebenen Umgangs mit Grenzen. Innerhalb einer Gruppe sind diese Grenzen gleichsam porös, die Verständigung geschieht intuitiv, auf einer präverbalen Ebene, zu der Außenstehende schwer Zugang finden.

Mein Kommunikationsstil dagegen ist der einer westlichen, individualisierten *low context-Kultur*. Der Zugang für Außenstehende ist leicht: Informationen werden expliziert, es wird fokussiert, Unschärfe wird vermieden. Dies ist notwendig, weil die Beziehungen generell lockerer und flexibler sind, Freundschaften wechseln stärker, sie werden in verschiedenen Lebensbereichen und -phasen geschlossen oder beendet, und das Erkennen und Verstehen individueller Eigenheiten muss erst »erarbeitet« werden. Es geht immer um ein Überwinden von Grenzen im Dialog mit dem anderen. Der Einzelne ist isolierter und er legt Wert auf seine unverwechselbare Identität. Seine Eigenheiten werden geliebt, bewundert, toleriert oder auch abgelehnt und bekämpft.[2]

Die aus China stammende Schriftstellerin Amy Tan leistet ihren Landsleuten, die als Emigranten oder Besucher in die USA kommen, im Internet Hilfestellung, um den »Kulturschock«, der für sie in einer Begegnung mit der ungewohnten Art der Kommunikation verbunden ist, zu mildern. Dabei geht sie ausführlich auf die unterschiedlichen Kommunikationsstile ein (http://academic.brooklyn.cuny.edu/english/melani/cs6/tan.html).

Zusammenfassend zeigt sich im Vergleich beider Kulturen hier ein fundmentaler Unterschied, der in einem reziproken Verhältnis zueinander gesehen werden kann: Seit Jahrtausenden steht das Motiv der Großen Mauer, die das ganze Land abschottete, symbolisch für die Abgegrenztheit auch kleiner Kollektive wie zum Beispiel dem Dorf, der Fabrik, der Familie. Innen und außen sind stets streng voneinander getrennt. Das Fremde wird eher als bedrohlich erlebt. Innerhalb der jeweiligen Gruppierungen sind die Einzelnen jedoch eng miteinander verbunden, sie verlassen sich selbstverständlich aufeinander, Geheimnisse gibt es kaum, sie verstehen sich, ohne viele Worte zu verlieren. Die Grenzen werden umso durchlässiger, je weiter sie nach innen gehen.

Die westliche Welt dagegen lebt in einer Tradition des kulturellen Austauschs, die Berührungsängste sind im Großen und Ganzen gering, die Grenzen offen. Der Einzelne jedoch legt Wert auf seine eigenen Konturen, seine Eigenständigkeit und Eigenverantwortlichkeit. Er muss sich in seiner Eigenheit verständlich machen. Hier werden die Grenzen umso dichter, je weiter sie nach innen gehen.

---

2 Auf die *high context-* und *low context-*Frage hat mich mein gelehrter Kollege Tao Minji immer wieder hingewiesen – auch hinsichtlich der Problematik eines Transfers westlicher Psychotherapie nach China. Er hat die »high-context-communication« mit der Verständigung von Zwillingen, die zusammen aufgewachsen sind, verglichen. Die »low-context-communication« setzte er einem Computerprogramm gleich: »Everything must be specified in the coded message or the computer will not run.«

1.4 Scham und Gesicht

Scham und die Angst vor Gesichtsverlust gehören zusammen, sie sind eng miteinander verbunden und bedingen sich. Auch sie sind aus dem Verständnis einer sozialen Ordnung, in der der Einzelne eng in der Familie oder dem Kollektiv vernetzt ist, unmittelbar ableitbar. Voraussetzungen für das Erreichen gesellschaftlicher Harmonie als höchstem Gut sind Konformismus, Anpassung und eine klar definierte Rollenübernahme. Wer sich diesen Vorgaben nicht beugt, tanzt aus der Reihe, und das ist ein Traditionsbruch. Scham entsteht bei der Sprengung von Konventionen und ergreift das ganze Selbst, sie ist also der narzisstische Affekt par excellence (Wurmser 1990). Derjenige, der sich nicht konform verhält, verliert sein Gesicht, er muss sich schämen. So bekommt der Affekt Scham eine wichtige, das öffentliche Verhalten regulierende Funktion und ist somit vor allem ein soziales Phänomen.

Nonkonformisten oder »Rechtsabweichler« wurden während der politischen Umstürze öffentlich angeprangert. Sie mussten, den Beschimpfungen der Machthaber wehrlos ausgesetzt, hohe, spitz zulaufende und weithin sichtbare »Schandhüte« tragen und hatten Schilder um den Hals, auf denen ihre »Vergehen« aufgezeichnet waren. Anschließend mussten sie in Wandzeitungen, die jedermann lesen konnte, ihre Irrtümer bekennen. Bis heute zählt die Beschämung zu den wichtigen öffentlichen Sanktionsmitteln. Straffällige werden immer noch in offenen Wagen zur Exekution gefahren.

Schamangst spielt in der Erziehung chinesischer Kinder eine große Rolle (Tang 1992). Unartige Kinder werden vorgeführt oder ausgelacht. Wer sich schämt, glaubt sich exponiert, beobachtet, »besonders«, unwert – und ist darum unsicher und befangen.

Das primäre Ziel einer Sanktion, die durch Beschämung geschieht, ist die Anpassung an gesellschaftlich definierte Normen. Die große lebenslange Angst, die mit der Scham einhergeht, ist die der Zurückweisung und Ausgrenzung. Es liegt im Wesen der Scham, dass mit ihr die Angst vor Trennung, Ausstoßung und Gesichtsverlust einhergeht. In einer auf Konformität ausgerichteten Gesellschaft verliert aber nicht nur derjenige das Gesicht, der sich nicht den Erwartungen entsprechend verhält, sondern auch seine gesamte Bezugsgruppe. Fällt ein junger Mensch durch eine Prüfung oder ist er mit 30 Jahren noch nicht verheiratet, verliert nicht nur er, sondern auch seine Familie das Gesicht oder ihr Ansehen. Dies bezieht sich aber nicht nur auf Gegebenheiten, bei denen

Alternativen potenziell denkbar wären, sondern auch auf Normabweichungen, die schicksalhaft sind.

Die Neigung zu stigmatisieren, ist in China ausgesprochen hoch. Noch heute werden vielerorts, insbesondere auf dem Lande, Frauen, die keinen Sohn gebären, als minderwertig betrachtet. Ich habe es nicht selten erlebt, dass Patienten, die aus einem Dorf kamen, sogar von meinen chinesischen Kollegen von vornherein als dumm und unwert betrachtet wurden und wenig Aufmerksamkeit bekamen. Menschen mit körperlichen oder geistigen Gebrechen haben es schwer. Die Tochter einer Frau, die an einer Psychose erkrankt ist, hat Probleme, einen Ehemann zu finden, und wird bei auch nur kleinen Versehen für »verrückt« erklärt. Bei großen internationalen Konferenzen in den Metropolen Peking oder Shanghai werden Behinderte aus dem Stadtbild entfernt. Im öffentlichen Verkehr gibt es kaum behindertengerechte Erleichterungen. Die Betroffenen sehen sich selbst oft als sozialen Schaden an. Sie können den Generationenvertrag, die Eltern im Alter zu versorgen, nicht erfüllen. Es ist nur zu hoffen, dass die Paralympics im Sommer 2008, die in der Bevölkerung allgemein große Begeisterung hervorriefen, einen Schritt zur gesellschaftlichen Integration Benachteiligter markieren.

Das zentrale Merkmal der Schamszene ist das passive Ausgeliefertsein des Beschämten, ist die Unmöglichkeit, die Situation zu kontrollieren. Es besteht eine enge Beziehung zum Sehen und Gesehen-Werden. Das Selbst, die Identität eines Menschen, ist vorrangig im Gesicht als wichtigstem Kontaktorgan lokalisiert. So ist die Blickvermeidung das herausragende Schammerkmal – oder überhaupt die Kontaktvermeidung oder Reaktionslosigkeit. Im Vergleich zu meinen hiesigen klinischen Erfahrungen wurden mir in China überdurchschnittlich viele Patienten mit einer »sozialen Phobie« vorgestellt, mit einer Angststörung, die sich auf den Kontakt zu anderen Menschen bezieht. Symptome dieser Neurose sind die Vermeidung von Augenkontakt und sozialer Rückzug.

Viele chinesische Alltagssituationen, die für einen Gast schwer verständlich sind, sind dem Phänomen Scham zuzurechnen. So wiegen sich viele Dozenten in der Sicherheit, dass ihr Unterricht verstanden wurde, weil kein Schüler es wagt, Fragen zu stellen, die seine Unwissenheit zeigen würden. Das Fragenstellen wird zum Risiko für das Ansehen – oder das Gesicht, das in einer vermeintlichen Schwäche so leicht verloren gehen kann. Es erfordert großen Mut, Unsicherheiten zuzugeben.

Ich habe gelegentlich erlebt, dass chinesische Therapeuten eine Behandlung, die sie für problematisch oder wenig erfolgversprechend hielten, einfach als für beendet erklärten, um sich ein Scheitern nicht eingestehen zu müssen.

Als ich in einer Diskussion anmerkte, dass ich Schwierigkeiten hätte, einen Fall psychoanalytisch zu verstehen, kam anschließend eine Kollegin zu mir, um mir zu sagen, dass ein solches Geständnis für Chinesen undenkbar wäre und wie sehr sie meinen Mut bewundere. Für einige hatte ich sicher in dieser Situation das Gesicht verloren.

Die Verbindung von Gesicht mit Ansehen, Würde und Moral eines Menschen ist universal. Es definiert den gesellschaftlichen Stellenwert eines Menschen, den andere ihm zuschreiben. Dennoch hat in ostasiatischen Kulturen die »Gesichtsarbeit« eine besondere, breit gefächerte sozialpsychologische Bedeutung (Bond/Hwang 1986). Das zu wahrende Gesicht impliziert ein Verhalten, das an einen Kontext gebunden ist, eine »situative Identität« vermittelt und somit wechselt. Hier gibt es aber graduelle Unterschiede. Während es in westlichen Kulturen nicht unbedingt notwendig ist, verschiedene Gesichter zu zeigen, ist dies in einer hierarchischen Gesellschaft üblich. Die unterschiedlichen Beziehungen erfordern jeweils andere, dem jeweiligen Status angepasste Verhaltensmuster. »Gesichtsarbeit« ist eine wichtige Möglichkeit, Beziehungen zu fördern. Verzichtet man auf sie, besteht die Gefahr, wichtige Verbindungen aufs Spiel zu setzen. Zhao (2002) benutzt den Begriff der »Multipersönlichkeit«, die mit verschiedenen Haltungen und Gesichtern reagieren müsse, um sich an verschiedene Situationen anzupassen, »obwohl man es oft mit Widerwillen tut« (ebd., S. 67).

So bin ich zum Beispiel während meiner Tätigkeit in China von meinen Freunden und Kollegen nicht selten Unbekannten gegenüber mit übertriebenen, schmeichelhaften Titeln und Verdiensten vorgestellt worden. Offensichtlich geschah dies, um mein Gesicht zu verbessern – und gleichzeitig auch das der Kollegen, denen ich die »Ehre« gegeben hatte. Hätte ich mich gegen diese Elogen gewehrt und sie korrigiert, hätte das zu einem Gesichtsverlust meiner Gastgeber geführt. Gesichtsverbessernde Komplimente sind in dem kulturellen Code darüber hinaus Geschenke, die man zurückgibt, das verlangt das Prinzip der Wechselseitigkeit: Konten müssen immer ausgeglichen werden.

Eine Bitte zurückzuweisen, bedeutet eine Verletzung des Gesichts des Fragenden. Nicht zuletzt aus diesem Grunde sind chinesische Zusagen oft vage, und es wird auf eine unbestimmte Zeit verwiesen, in deren Verlauf sich die Sache dann oft erübrigt.

In der hierarchisch organisierten chinesischen Gesellschaft spielt also die »Gesichtsarbeit« zur Erhaltung der Harmonie eine große Rolle. Dies ist für Besucher aus westlichen Ländern oft befremdlich. So ist es absolut ungehörig, Vorgesetzte zu kritisieren, auch wenn sie sich ganz offensichtlich nicht angemessen oder anständig verhalten haben. Wenn es nicht zu vermeiden ist, geschieht es in abgemilderter, umschreibender Weise, damit der Ruf gewahrt bleibt.

Die hohe Bewertung des Gesichts ist möglicherweise eine der Ursachen für die Unbeweglichkeit, die die chinesische Gesellschaft seit Jahrtausenden auszeichnet. Inzwischen ist mit der ökonomischen Öffnung eine neue Epoche eingetreten. Die alten kulturellen Muster sind für eine wettbewerbsorientierte Marktwirtschaft nicht recht brauchbar. Die im Geschäftsleben notwendige Konkurrenz erfordert eine Individualisierung, die wahrscheinlich nur durch Überwindung des alten Schamkodex denkbar ist. Wir, als westliche Zeitzeugen, sind derzeit Zaungäste dieses Prozesses.

Als die Kulturanthropologin Ruth Benedict 1946 die japanische »Schamkultur« der nordamerikanischen »Schuldkultur« entgegenstellte, wurde dies insbesondere von japanischen Sozialwissenschaftlern nur unter Protest zur Kenntnis genommen (vgl. Creighton 1990). Der Grund dafür war, dass Schuld, verstanden als ein aus dem inneren Bewusstsein entstandenes soziales Verhaltensregulativ, von den Kritikern auf einer höheren moralischen Stufe angesiedelt wurde als Scham, die als ein eher »außengeleiteter« Affekt gilt. Benedict wurde Arroganz und Ethnozentrismus vorgeworfen. Inzwischen, nach mehr als 50 Jahren, hat sich der Sturm gelegt und die Grundannahmen Benedicts wurden auch von asiatischen Autoren akzeptiert (ebd.): Westliche, stärker individualisierte Kulturen werden als Schuldkulturen, stärker traditionsgebundene, kollektivistische Kulturen hingegen als Schamkulturen verstanden. Dies leitet sich auch unmittelbar aus dem Verständnis der jeweiligen kulturellen Codices ab, ohne dass damit ein Werturteil verbunden sein muss. In jeder Kultur regulieren Scham und Schuld das Zusammenleben, auch wenn sicher andere Schwerpunkte gesetzt werden. In Anbetracht der unterschiedlichen Struktur des Selbst ist dies leicht nachvollziehbar. Das stärker am Umfeld orientierte Selbst mit starkem Druck, sich an die Normen der jeweiligen Gruppe anzupassen, hat eine Neigung, schamhaft zu reagieren. Das Selbst in individualisierten Kulturen orientiert sich ebenfalls an den sozialen Regeln, die die internalisierten Standards der primären Bezugspersonen repräsentieren und den Kern des Überichs bilden. Diese Internalisierung führt jedoch zu einer größeren Unabhängigkeit: Die Verantwortung liegt beim Einzelnen, der nur sich selbst Rechenschaft schuldig ist – sofern er andere nicht schädigt. Die primäre Angst bezieht sich nicht so sehr auf das Verlassen- und Ausgegrenzt-Werden als auf Bestrafung durch fantasierte Elternfiguren oder ein schlechtes Gewissen.

1.5 Aktivität/Passivität und Verantwortung

Autonomes Handeln verlangt Aktivität und Initiative. In persönlichen Gesprächen mit jungen, insbesondere männlichen Kollegen hörte ich nicht selten, dass sie das Problem hätten, »zu passiv« zu sein – und auch, dass dies von ihren Frauen kritisiert würde. Ein befreundeter Wissenschaftler mit bemerkenswerter Karriere in Deutschland betonte, dass er China nie verlassen hätte, wenn ihn seine Frau nicht zunächst dazu ermutigt und dann angetrieben hätte, die notwendigen Schritte zu unternehmen.

Die amerikanische Psychoanalytikerin chinesischen Ursprungs Dora Dien (1992) glaubt, dass es für chinesische Jungen ungleich schwerer ist als für Mädchen, sich aus der Abhängigkeit von der Mutter zu lösen. Sie sieht die Ursache in der hohen Bedeutung, die Jungen für den Selbstwert der Mutter haben. Auch wenn dies für viele Kulturen gelten mag, so scheint es im traditionell konfuzianischen China doch eine besondere Rolle zu spielen.

Manche meiner Unterrichtspläne scheiterten, weil meine Schüler – trotz beteuerten Interesses – nicht die Initiative aufbrachten, empfohlene Texte zu lesen oder auch nur zu beschaffen.

Ein mich in meinen Bemühungen wohlwollend beobachtender Kollege gestand mir dann eines Tages, ich könne lange darauf warten, dass meine Pläne freiwillig eingehalten würden – und im Übrigen sei das eine typisch westliche Erwartungshaltung.

Ich muss gestehen, dass mich die fehlende intellektuelle Neugier und Initiativlosigkeit vieler meiner chinesischen Schüler, ebenso wie ihre Unwilligkeit zu planen, irritiere. Obwohl die Thematik, Psychoanalyse, die ich lehrte, sehr komplex war, fiel mir auf, dass kaum Fragen gestellt wurden. Ich selbst hatte am Anfang meiner Ausbildung erhebliche Verständnisprobleme gehabt. Dass die Kollegen mich wirklich oft nicht verstanden hatten, fiel mir dann auf, als ich – vermeintlich Bekanntes, da schon Durchgenommenes, voraussetzend – in ratlose Gesichter blickte.

Über ähnliche Beobachtungen berichten auch andere in China tätige Dozenten. Die allgemeine Erklärung ist die, dass Chinesen Probleme hätten, ihre Unwissenheit einzugestehen, weil sie dann meinen, ihr Gesicht zu verlieren. Das mag ein Grund sein – aber warum habe ich es dann nie erlebt, dass meine Schüler sich in die Bibliothek begeben, um gleichsam heimlich das schamvolle Wissensdefizit aufzuholen? Mein chinesischer Kollege hatte eine andere Erklärung: Nicht das Gesicht der Lernenden sei beschädigt, wenn diese etwas nicht verstünden, sondern das Gesicht der Lehrenden gehe bei Fragen der Schüler verloren, weil sie nicht in der Lage gewesen seien, Dinge verständlich zu vermitteln.

Im Zusammenhang mit dieser für uns befremdlichen Initiativlosigkeit möchte ich über weitere kleine Beobachtungen berichten:

> Immer wieder erlebte ich auf dem Weg zu meiner Arbeit, dass umgefallene Fahrräder das Gehen auf dem Bürgersteig zu einem Hindernislauf machten. Stoisch wurden diese Hindernisse von den Passanten umgangen oder überstiegen. Mir jedoch fiel es sehr schwer, die Fahrräder nicht aus dem Weg zu räumen (was ich gelegentlich aber auch tat). Jedes Jahr, wenn ich für einige Wochen in meine Klinik zurückkam, fand ich die gleichen Reparaturbedürftigkeiten vor: Die fehlende Schraube an der Versperrung der Toilettentür, die seit Jahren nicht gestellte Uhr im Stationszimmer, die einer kaputten Birne zuzuschreibende Finsternis im Treppenhaus, durch das ich mich allabendlich tastete. Auf der Tafel in meinem Unterrichtsraum fand ich Jahr um Jahr dieselben von mir selbst geschriebenen Begriffe zu Themen, die ich im letzten und vorletzten Jahr behandelt hatte. Dabei war mir klar, dass dieser Raum innerhalb der Klinik ein wichtiger Unterrichtsraum war, und ich stellte mir manchmal vor, wie viele Menschen inzwischen an meinen Begriffen herumgerätselt hätten. Es stellte sich dann heraus, dass sich in den Jahren niemand für einen Wischlappen oder Schwamm verantwortlich gefühlt hatte – und so war

man ohne die Tafel ausgekommen. Nach meiner Bitte dauerte es dann auch noch zwei Wochen, bis die Utensilien besorgt worden waren, und ich die nun geputzte Tafel wieder von Neuem beschreiben konnte.

Der gemeinsame Nenner für diese banalen Alltagserfahrungen ist eine für mich schwer nachzuvollziehende Fähigkeit, so lang abzuwarten, bis sich die Dinge von selbst regeln oder auch nicht – und dies ist dann auch nicht schlimm.

Hier zeigt sich ebenfalls ein fundamentaler Unterschied im Denken und Verhalten von West und Ost. Der französische Philosoph und Sinologe François Jullien hat sich mit den Ursachen befasst. Er stellt in seinem vor westlichen Managern gehaltenen Vortrag über Wirksamkeit und Effizienz in beiden Kulturen eine fundamentale Differenz fest und erläutert dies unter anderem am Beispiel der unterschiedlichen Art der Kriegskunst. Während die Europäer seit dem griechischen Altertum Ziele definieren, die sich aus Modellen oder Idealvorstellungen herleiten, und mit einer gewissen Starrheit danach handeln, gibt es diese Zielgerichtetheit in China nicht. Das alte chinesische Denken ist orientiert am *Nicht-Handeln (Wu Wei)*: »[D]as große Wort des chinesischen Denkens, das alle Schulen durchzieht und es zweifellos symbolisiert« (Jullien 2006, S. 60). Es geht davon aus, dass sich die Welt in einem Prozess des ständigen Wandels befindet und dass der Mensch nicht eingreifen, sondern lediglich das sich aus den vielfältigen Situationen ergebende Potenzial nutzen kann. Da sich die Situationen aber in ständigem Wandel befinden, lässt sich auch nichts planen.

Dieses Phänomen wird seit Jahrhunderten als »asiatische Gelassenheit« beschrieben, und ich bin überzeugt, dass es gut wäre, wir hätten auch ein wenig davon. Sie steht aber auch in einem Zusammenhang mit einer Nicht-Übernahme von sozialer Verantwortung, für uns eine unabdingbare Voraussetzung für das Funktionieren unserer Gesellschaft – im Großen wie im Kleinen.

Nun ist Initiative oder ein »Sich-Hervortun« in China möglicherweise auch mit dem vorherrschenden gesellschaftlichen Grundverständnis von sozialer Anpassung und Unterordnung wenig kompatibel – es löst Befremden und Irritation aus.

Dies erlebte ich besonders eindrucksvoll, als ein junger Kollege die Initiative ergriff und sich ohne Rücksprache mit der Klinikleitung um eine

Ausbildung im Ausland bemühte. Ohne aktiv etwas dazu beizutragen, war ich von der Idee erfreut und unterstützte ihn in seinem Wunsch. Das hatte zur Folge, dass es zwischen der Klinikleitung und dem Kollegen, aber auch zwischen der Klinkleitung und mir, die ich diese Initiative für sehr sinnvoll gehalten hatte, zu erheblichen Spannungen kam. Ich hatte nicht bedacht, dass Eigeninitiative immer noch an ein kulturelles Tabu rührt. Die Planung von Auslandsaufenthalten der Mitarbeiter war ausschließlich der Klinikleitung vorbehalten. Nach etwa einem Jahr haben sich die Wogen geglättet und der unter großen persönlichen Anstrengungen im Ausland studierende junge Mann wird sogar aus seiner Klinik finanziell unterstützt. Dennoch war sein Verhalten in höchstem Maße »*un*chinesisch«, was mir aus meiner Perspektive nicht klar gewesen war.

Es deutet sich jedoch ein kultureller Wandel an, auf den ich im dritten Abschnitt näher eingehen werde.

2 China nach 1949: Die Revolution und ihr Preis

Der durch den Krieg gegen Japan und den Bürgerkrieg zwischen den Truppen der Nationalpartei (Kuomintang) und der Roten Armee erschöpften und dezimierten Bevölkerung war nach der Gründung der Volksrepublik am 1. Oktober 1949 wenig Ruhe vergönnt. Es muss als ein großes Unglück Chinas angesehen werden, dass sich die Hoffnung auf eine Konsolidierung des Landes durch seinen charismatischen Steuermann Mao Zedong nicht erfüllte. Der Enthusiasmus, der nahezu alle Schichten ergriff, wurde auch von westlichen Linken geteilt. Sie sahen in Mao die bewunderte, zum Idol erhobene Leitfigur einer gerechten sozialistischen Gesellschaft. China galt als Vorbild für eine gelungene Revolution, über die im Westen – konform mit der chinesischen Propaganda – begeistert berichtet wurde. Über die Schattenseiten wurde wenig bekannt – oder sie wurden nicht zur Kenntnis genommen. Das Land hatte sich abgeschottet, kritische Stimmen drangen kaum nach außen, es bestand Ausreiseverbot.

Die meisten von uns deutschen Dozenten gehörten zu der Generation, die, geprägt von der Studentenbewegung, früher eine eher positive Haltung dem Maoismus – und auch der Kulturrevolution – gegenüber gehabt hatten. Über die schon unmittelbar nach Gründung der Volksrepublik über die Bevölkerung hereinbrechenden Katastrophen konnten wir uns erst allmählich durch Lektüre, dann aber auch mittels erschütternder Berichte, die uns Betroffene persönlich gaben, ein Bild machen.

Dieses Kapitel ist den Schattenseiten der Revolution seit 1949 gewidmet, wie sie mir seit meinem ersten Lehraufenthalt in China im Jahr 1988 immer wieder begegnet sind. Die meisten von uns – so auch ich – waren recht naiv nach China gefahren, wie wir beschämt feststellen mussten. Ich war grob über die Vorgänge während der Kulturrevolution (1966–1976) informiert, wusste aber wenig über den hohen Preis, den China schon vorher für die »Umformung der Gesellschaft« mit der Schaffung des neuen – kommunistischen – Menschen bezahlt hatte, und welches Leid große Teile des chinesischen Volkes hatten erdulden müssen. Mit wachsendem Vertrauen erfuhren wir von einzelnen unserer älteren Kollegen, dass sie Opfer von Verfolgung und Entwürdigungen geworden waren, und wie groß das Ausmaß der Angst in ihren Familien gewesen war. Eine Kollegin berichtete über den Suizid ihres Vaters, andere über Diskriminierungen, wenn Verwandte als »Konterrevolutionäre« verfolgt und inhaftiert worden waren. Ein Psychiater schilderte uns, wie er mit seinem »Schatz«, einigen ins Chinesische übersetzten Bänden der Werke Sigmund Freuds, nachts zu einem Fluss ging und die Bücher dort versenkte, damit sie von den Roten Garden nicht in seiner Wohnung entdeckt würden. Eine 1985 an 60 Probanden durchführte Arbeit zu den psychischen Folgen der Kulturrevolution hatte ein Kollege nicht publizieren dürfen. Dies alles wurde uns 1988 noch hinter vorgehaltener Hand erzählt.

Es gibt nur wenige Familien in China, die nicht unmittelbar oder mittelbar von den verstörenden Ereignissen der politischen Umwälzungen der zweiten Hälfte des 20. Jahrhunderts folgenschwer betroffen worden sind. Aus diesen Familien kamen die meisten Patienten, von denen unsere chinesischen Kollegen berichteten und die sie als ihre Behandlungsfälle zur Diskussion stellten. In den Biografien dieser Menschen gab es immer wieder Lücken und Unstimmigkeiten, die ganz offensichtlich mit den politischen Turbulenzen in Verbindung zu bringen waren. Die Kollegen hatten jedoch nicht nachgefragt. Diese Epoche in der Lebens- und Leidensgeschichte der Patienten war gleichsam ausgestanzt.

1999 schlug ich den Teilnehmern meines Psychotherapie-Ausbildungskurses eine Untersuchung vor, in der wir uns mithilfe eines Gesprächsleitfadens Einzelschicksale der ersten Jahrzehnte der jungen Volksrepublik sowie der Phase der Kulturrevolution näher ansehen und diskutieren wollten. Die meisten Kollegen lehnten eine Teilnahme an diesem Projekt ab. Offensichtlich war die Auseinandersetzung mit der Vergangenheit für sie noch zu schwierig, zu schmerzlich, zu schamvoll oder auch zu angstbesetzt. Schließlich haben vier Kollegen (Liu Xiao Chun, Harbin; Meng Xian Zhang, Kanton; Xue Fei,

Kunming und Mei Zhao, Beijing) und ich selbst doch insgesamt 33 Zeitzeugen – Patienten, Bekannte und Familienangehörige – bewegen können, mit uns über ihre Erfahrungen zu sprechen. Wir haben diese Lebensgeschichten dann 2002 bis 2004 ausführlich diskutiert und ausgewertet (Haag/Zhao 2004).

Bevor ich näher auf einige Schicksale, die mir in dieser Untersuchung begegnet sind, eingehe, muss ich kurz den historischen und gesellschaftlichen Hintergrund schildern, der diese Lebensläufe geprägt hat. Wir sehen, dass nicht nur die zehn Jahre der Kulturrevolution, sondern insgesamt fast 30 Jahre lang fatale Kampagnen gegen weite Teile der Bevölkerung Wunden hinterlassen haben, die heute noch nicht verheilt sind (siehe Kapitel 3).

2.1 Die Umformung der Gesellschaft in eine »Demokratische Diktatur des Volkes«

Schon vor Gründung der Volksrepublik am 1. Oktober 1949, dem Datum, das offiziell mit der »Befreiung« gleichgesetzt wird, hatte Mao Programme entwickelt, die eine Umstrukturierung der Gesellschaft realisieren sollten. Es ging um eine ideologische Neuorientierung mit dem Ziel der *Bildung eines neuen Menschen in einer neuen – kommunistischen – Gesellschaft* nach dem Prinzip »Hasse Deine Vergangenheit, um Deine Zukunft zu gewinnen« (Lifton 1963, S. 379). Mao startete damit einen Angriff auf die chinesische Tradition. Eine tiefe und nachhaltige Krise der kulturellen Identität war die Folge.

Bereits zwischen 1948 und 1952 war es zu einer ersten Welle von Aktionen zur *Gedankenreform* gekommen. Erklärtes Ziel war eine maximale soziale Kontrolle mit dem Ziel eines Persönlichkeitswandels im Sinne radikaler ideologischer Umorientierung. Über die Beherrschung des Geistes sollte die »reaktionäre« Persönlichkeit vernichtet werden. Lifton beschreibt dies als die »denkbar mächtigste Menschenmanipulation« (1963, S. 6).

Insbesondere *Massenkampagnen* sollten der »alten Gesellschaft den Todesstoß versetzen« (Weggel 1989, S. 148). So wurde bereits 1950 die *Landreform* eingeleitet, »eine der radikalsten Operationen der politischen Chirurgie, die das 20. Jahrhundert erlebt hat« (Domenach 1995, S. 57). Opfer waren zunächst die Grundbesitzer und reichen Bauern. Später richteten sich Kampagnen gegen Ausländer, Geschäftsleute und sogenannte »Konterrevolutionäre«, vorwiegend ehemalige Kuomintang-Angehörige und Sympathisanten, gegen Geistliche und »Spione«, das heißt gegen Menschen, die Kontakte mit Ausländern gehabt hatten. Wenn sie nicht hingerichtet wurden, deportierte man sie zur »Umerziehung« in Gefängnisse und Straflager. Sie durften keinen Kontakt mehr zu ihren Familien haben und ihre persönliche Habe wurde enteignet. Unzählige verloren ihr Leben – durch Hinrichtung, Auszehrung und Infektionen oder durch Selbstmord. Die Zahl allein derjenigen, die sich während der Kampagnen gegen die Grundbesitzer und Geschäftsleute in den Jahren 1950 bis 1952 suizidierten, wird auf 200.000 bis 300.000 geschätzt (Chang/Halliday 2005, S. 430). Für diejenigen, die überlebten, wurde die ihnen aufgezwungene gesellschaftliche Umformung zu einem massiven Angriff auf die geistige und körperliche Integrität mit oft irreversiblen Schäden. Jahrzehntelang wurden Millionen Chinesen zur »Umerziehung« in Gefängnissen und Arbeitslagern gefangen gehalten, ohne dass dies von der Weltöffentlichkeit zur Kenntnis genommen wurde (Domenach 1995). Nach dem Vorbild des sowjetischen Gulag waren schon in den 50er Jahren Haftanstalten und Straflager in der Nähe von Fabriken oder landwirtschaftlichen Betrieben errichtet worden, in denen die Insassen neben schwerer Zwangsarbeit einer »Gedankenreform« unterzogen wurden. Gefängnisähnliche Einrichtungen waren auch die sogenannten »Kuhställe«, in denen Menschen, die als nicht systemkonform betrachtet wurden, Schuldbekenntnisse, Denunziationen anderer oder ideologische Berichte verfassen und die »Worte des Vorsitzenden Mao« studieren mussten. Einstellungen, die der Ideologie nicht entsprachen, wie Individualismus, Subjektivismus, emotionale Bindungen, etwa an nicht revolutionäre Freunde oder Familienangehörige, sowie früheres »Ausbeuten des Proletariats« mussten in stundenlangen, meist nächtlichen Verhören oder öffentlichen Sitzungen, oft in Fesseln und unter Zwang und Gewalt, bekannt gemacht werden. Ausführliche Berichte mit Schuldbekenntnissen und Selbstanzeigen waren wichtige Elemente der »Umerziehung«. Die Selbstkritik bezog sich dabei nicht nur auf die eigene Biografie, sondern auch auf die von Familienangehörigen. Nicht selten wurden falsche Selbstbezichtigungen niedergeschrieben. Auch Denunziationen anderer – oft unter Folter – gehörten in das Umerziehungsprogramm (vgl. auch die autobiografischen Berichte von v. Collie 1967; Bao 1973). Dies alles waren Angriffe auf die soziale und die kulturelle Identität der Betroffenen, die einer Gehirnwäsche gleichzusetzen waren.

Viele Intellektuelle hatten sich nach den Turbulenzen der vorrevolutionären Zeit in Abgrenzung zu den Nationalisten überzeugt und hoffnungsvoll Mao und dem Kommunismus zugewandt und sich freiwillig auf sogenannten »Revolutionsuniversitäten« einer Schulung in Marxismus und dialektisch-materialistischem Denken unterzogen. Dies war nicht zuletzt unter dem Einfluss russischer Revolutionäre geschehen. Die meisten liefen jedoch 1957 bei der Kampagne »Lasst hundert Blumen blühen, lasst hundert Denkrichtungen miteinander wetteifern« in die Falle, als sie begeistert dem Aufruf Maos gefolgt waren, »konstruktive« Kritik an der Kommunistischen Partei zu üben. Mao hatte sein listiges Vorgehen so begründet: »Wie können wir die Schlangen fangen, wenn wir sie nicht aus ihren Schlupfwinkeln kommen lassen?« (Chang/Halliday 2005, S. 546) 300.000 Personen, unter ihnen die wissenschaftliche und künstlerische Elite des Landes, wurden anschließend als »Rechtsabweichler« gebrandmarkt und bestraft – durch Entlassung, Inhaftierung, Zwangsarbeit, Landverschickung (Spence 1995, S. 647). Sie und ihre Familienangehörigen wurden angeprangert. Manche Paare ließen sich scheiden, um den Kindern eine Ausbildung zu ermöglichen – oft jedoch war diese Hoffnung vergebens.

Ein weiteres Projekt, der »Große Sprung nach vorn«, 1958 bis 1961, sollte, nach der Bildung von Volkskommunen, zu einer Produktionssteigerung des Getreideanbaus und der Schwerindustrie führen. Dieser schon im Ansatz unrealistische Plan, der eine unerbittliche Ausbeutung der körperlichen Ressourcen der Arbeiter und Bauern als Programm hatte, wurde zu einem Desaster. Nach oben gefälschte Produktionszahlen eingeschüchterter und korrupter Kader verhinderten, ebenso wie der Zynismus Maos, eine Revision. Es folgte in den Jahren 1958 bis 1961 die größte Hungersnot der Menschheit mit geschätzten 18,8 Millionen an Auszehrung und Überarbeitung zugrunde gegangenen Menschen (vgl. Weggel 1989, S. 217f.).

1966 kam es schließlich nach parteiinternen Machtkämpfen zum Höhepunkt staatlich organisierten Terrors, zur *Großen Proletarischen Kulturrevolution*, in der sich Mao der Jugend bediente. Militante Schüler und Studenten hatten sich als »Rote Garden« organisiert. Es kam zu einem Generalangriff auf das kulturelle Herz Chinas, die »Vier Relikte«: seine alten Sitten, seine Gebräuche, seine Kultur und Denkart. Lehrer und Professoren wurden denunziert und gequält, Prüfungen abgeschafft und schließlich Schulen und Universitäten geschlossen. Auf Wandzeitungen wurden antirevolutionäre »Vergehen« veröffentlicht und »üble Elemente« denunziert. Mao selbst hatte am 18. August

1966 auf dem *Platz des Himmlischen Friedens* vor den begeisterten Jugendlichen die rote Armbinde der Gardisten angelegt. Laut Anweisung durfte niemand die Rotgardisten in ihrer revolutionären Arbeit stören: Jugendliche zwischen zwölf und 25 Jahren erhielten das Recht, das zu tun und zu lassen, was ihnen im Interesse der Revolution angemessen erschien. Es kam im ganzen Land zu Massenmobilisierungen mit grausamen Verfolgungen der traditionellen Autoritäten.

Alte Bauwerke und Tempel wurden zerstört, Kunstgegenstände und ganze Bibliotheken wurden verbrannt. Die jahrtausendealte Kultur, auf die China heute wieder stolz ist, wurde geschändet. Unzählige Wohnungen und Häuser wurden geplündert, die Bewohner vertrieben, gequält, ermordet oder zum Selbstmord getrieben – auch wenn sie nur entfernte Verwandte sogenannter »übler Elemente« waren. Kinder denunzierten ihre Eltern, Familien wurden zerstört. Der Filmregisseur Chen Kaige hat darüber einen eindrucksvollen autobiografischen Bericht verfasst, der unter dem Titel *Kinder des Drachen* (Deutsch 1994) erschien. Auch jetzt wurden wieder Menschen mit westlicher Ausbildung oder auch nur Kontakten zu westlichen Geschäftsleuten als »Spione« und »Rechtsabweichler« gebrandmarkt. Die Methoden der öffentlichen Demütigung wurden immer ausgefeilter oder sadistischer: Die Opfer mussten mit Schandhüten und umgehängten Plakaten mit Beschuldigungen durch die Straßen ziehen, vor johlenden Massen öffentlich Selbstkritik üben oder stundenlang vornübergebeugt mit auf dem Rücken zusammengebundenen, ausgestreckten Armen in der qualvollen »Flugzeugstellung«, verharren (Spence 1995, S. 715f.).

Als sich immer mehr junge Menschen zu Gruppen zusammengeschlossen hatten, die gegeneinander kämpften, und es darüber hinaus zu Zusammenstößen mit der Volksarmee kam, geriet das Land vollends in Anomie. Als Gegenmaßnahme wurden zwischen Ende 1968 und Dezember 1973 acht Millionen Jugendliche auf die Dörfer, meist in abgelegene ländliche Gebiete umgesiedelt. Das Erziehungswesen wurde erst nach Maos Tod 1976 wieder in geordnete Bahnen geleitet. Aber mehrere Millionen Jugendliche waren um ihre Ausbildung und berufliche Existenzgründung gebracht worden (ebd.).

Die Willkürherrschaft Mao Zedongs und des Zentralkomitees der Kommunistischen Partei hatten Terror, Hungersnot, Chaos und Paranoia über das Land gebracht, ohne dass dies internationale Proteste hervorgerufen hätte. Schon vor der Kulturrevolution waren zwar vereinzelt Berichte über

Erfahrungen mit Haft und Gehirnwäsche publiziert worden (vgl. Lifton 1963), diese wurden jedoch auf internationaler Ebene kaum bekannt, nicht zuletzt wohl deswegen, weil es zum Zeitpunkt ihrer Publikation kaum noch Ausländer in China gab.

Erst Jahre später meldet sich ein prominenter Zeitzeuge, der spätere Präsident des Pen Club der Volksrepublik China zu Wort. Anlässlich einer am 4. April 1980 in Tokyo gehaltenen Rede berichtet der damals 76-jährige Schriftsteller Ba Jin über seine Erfahrungen. Er schildert, wie er zehn Jahre lang in den »Kuhstall« gesperrt worden sei und »alle möglichen geistigen Torturen und Demütigungen« habe erdulden müssen, aller bürgerlichen Rechte und jeglicher Publikationsfreiheit beraubt. Seine Frau war während der Kulturrevolution gestorben, weil ihr medizinische Hilfe verweigert worden war, ein Verlust, den er nie verwunden hat. Er beschreibt, sich ungewöhnlich mutig zu seinem Lebensirrtum bekennend, wie er an die Propaganda der Viererbande, der radikalen Gruppe, der auch Maos Frau angehörte, und all derer, die ihn verfolgt hatten, geglaubt hatte:

> »[I]ch hielt mich selbst für einen ›Verbrecher‹, meine Bücher für ›Giftkräuter‹, und gestand auch noch freiwillig meine Schuld ein. Ich habe mich selbst vollständig verleugnet und mich zur Umerziehung bereitgemacht, um ein neuer Mensch zu werden [...]. Aber dann entdeckte ich doch, daß alles eine große Lüge war. Ich war betrogen worden, empfand nur noch Hohlheit, hatte alle Illusionen und Hoffnungen verloren. Damals hätte ich sehr leicht Selbstmord begehen können« (Ba 1985, S. 26f.).

1981 forderte er die Einrichtung eines »Museums für die Kulturrevolution«, eine Forderung, der bis heute nicht stattgegeben wurde. Eine mutige Initiative ergriff erstmals das *Today Art Museum* in Beijing, indem es eine Ausstellung über die Kulturrevolution mit Portraits von Tätern und Opfern unter dem Thema »Chinas historische Figuren: 1966–1976« veranstaltete (Welt online, 19. November 2007).

Im Oktober 2005 nahm ich an den Trauerfeierlichkeiten für den Schriftsteller teil, der, im Alter von 100 Jahren verstorben, seit 1996 in einem Krankenhaus in Shanghai gelegen hatte. Er hatte mehr als fünf Jahre nicht mehr sprechen oder gehen können und war nur mithilfe intensivmedizinischer Maßnahmen am Leben gehalten worden. Dies geschah gegen seinen Willen auf Wunsch der Partei, für die er jetzt die Schlüsselfigur für ihre neue Hinwendung zu den

Intellektuellen darstellte. Für die vielen Trauergäste lagen Zettel mit seinem Lebenslauf bereit. Das Schicksal, das der große Mann während der Kulturrevolution erlitten hatte, wurde nicht erwähnt. Nach seinem Tod wurde ein von einem chinesischen Wissenschaftler entdeckter Asteroid nach ihm benannt.

2.2 Die traumatischen Auswirkungen

Traumatisierende Erfahrungen finden wir bei allen gewaltsamen gesellschaftlichen Umwälzungen, seien sie ideologisch, wie im Falle der Volksrepublik China, oder nationalistisch bzw. religiös bedingt. Je nach Sozialisationsbedingungen und kulturellem Hintergrund weisen solche Erfahrungen – bei ähnlichen psychischen Auswirkungen – jedoch kulturspezifische Akzentuierungen auf, die sich aus dem »ethnischen Unbewußten« (Devereux 1974, S. 23) ergeben. Es zeigt sich darin, dass sich das Psychische in einer besonderen Kultur bei ihren Mitgliedern ähnlich oder gleich manifestiert. Normen, Denken, Verhalten, Konflikte und Tabus haben eine gemeinsame Tradition. Diese ermöglicht ein spezifisches Orientierungsmuster, das Sicherheit und Zusammengehörigkeitsgefühl vermittelt. Von der Zerstörung dieses Orientierungsmusters während der ersten Jahrzehnte der Volksrepublik China möchte ich im Folgenden berichten.

Anhand von persönlichen Begegnungen und Erfahrungen werde ich versuchen, zu beschreiben, wie sich die historische Tragödie in Einzelschicksalen darstellt. Ich möchte zeigen, wie sich die forcierte Massenerziehung zum »neuen Menschen« mit ihrer brutalen Zerschlagung der alten Lebens- und Wertvorstellungen sowie der persönlichen Rollen und Identitäten in den Erinnerungen einzelner Betroffener oder ihrer Familienangehörigen bewahrt hat und welche Folgen sie heute noch zeigt.

Unsere Gesprächspartner waren, auch in Abhängigkeit von ihrem Alter, in unterschiedlicher Weise und oft mehrfach betroffen. Gemeinsam ist jedoch das Zerbrechen des inneren Koordinatensystems, sei es durch den Verlust naher Menschen, sei es durch den Verlust traditioneller Werte oder der Selbstachtung.

Bei den älteren Betroffenen handelt es sich oft um Menschen, die selbst zunächst begeisterte Anhänger der Revolution, zum Teil auch Mitglieder der Kommunistischen Partei waren. Sie fühlten sich für den Aufbau des neuen

China mitverantwortlich, wurden dann aber, insbesondere nach der »Hundert-Blumen-Kampagne« 1957, zu Rechtsabweichlern abgestempelt. Sie bekamen Berufsverbot und/oder wurden zu Umerziehungsmaßnahmen auf das Land geschickt, wo sie harte Arbeit verrichten mussten und indoktriniert wurden.

Die in den 50er und 60er Jahren Geborenen litten unter der Verfolgung der Eltern, wurden in den weiteren Familien herumgeschoben, die sie – in der Hungersnot der späten 50er Jahre – mit durchfüttern mussten. Sie wurden ausgeschlossen, diskriminiert, vereinzelt, erlebten sich stigmatisiert und oft verfangen in Konflikten zwischen Revolutionsprogrammen und kindlichen Loyalitäten.

2.2.1 Trennungen – Entfremdungen – Verleugnungen

Umerziehungsmaßnahmen, sei es in Lagern, Gefängnissen oder auf dem Lande, waren stets mit einem Auseinanderreißen der Familien verbunden. Oft hörten die Betroffenen und ihre Angehörigen jahrelang nichts voneinander. Diese Zerstörung des primären sozialen Netzes wurde – gerade in Anbetracht des traditionell hohen, identitätsstiftenden Stellenwertes der Familie in China – als Katastrophe erlebt, nicht nur von Betroffenen selbst, sondern auch von den Partnern, Kindern und weiteren Angehörigen.

Frau L., 1935 geboren, erlebe ich als sympathisch, offen und souverän. Sie nimmt unbefangen Kontakt zu mir auf. Ich spreche mit ihr 2006.

Sie wird wegen einer Angstsymptomatik, die ärztlicherseits auf eine Schilddrüsenerkrankung zurückgeführt wird, medikamentös behandelt. Sie war 1997 wegen dieser Diagnose operiert worden, jetzt seien die Hormonwerte aber normal. Sie selbst meint, dass ihre Ängste, verbunden mit Herzklopfen und Nervosität – insbesondere wenn sie allein ist oder das Haus verlässt – auch Nachwirkungen aus der Zeit der Kulturrevolution sein könnten.

Erstmals (wieder) aufgetreten sei die Symptomatik im Jahre 2000, als bei dem von ihr betreuten Enkel ein Autismus diagnostiziert worden sei.

Sie ist die älteste Tochter eines Universitätsprofessors. Die Mutter starb 1948, woraufhin die Großmutter die Familie versorgte. Auch wenn das Gehalt des Vaters gekürzt wurde, denkt sie gern an die »Befreiung« durch die Rote Armee 1949 zurück. Alle hätten große Hoffnungen auf die neue Gesellschaft gesetzt.

1953 ging sie zum Studium an die Universität für Luftfahrtwesen, weil die chinesische Luftwaffe sich im Koreakrieg als schwach erwiesen hatte, und sie – als glühende Patriotin – bei einer Verbesserung der Flugzeuge helfen wollte. Sie habe ihr Leben dem Aufbau ihres Landes widmen wollen. 1961 heiratete sie einen Kollegen, 1962 wurde ihr einziges Kind, ein Sohn, geboren. Wenige Monate nach seiner Geburt sei sie dann für drei Jahre nach Lhasa abkommandiert worden und musste das Kind zu den Schwiegereltern geben. Sie erzählt weinend, dass sie den Sohn in dreieinhalb Jahren nur einmal gesehen habe.

Nach der Rückkehr habe sie an politischen Schulungen teilgenommen. Das habe sie in Ordnung gefunden. Ein Antrag, in die Partei aufgenommen zu werden, wurde zurückgewiesen, weil ein Onkel der Kuomintang nahegestanden habe. 1967 sei ein Freund, ein höherer Kader, öffentlich kritisiert worden. Sie habe das ungerecht gefunden und ihn in einer Wandzeitung verteidigt. Es wurde ihr dann geraten, einige Tage nicht nach Hause zu gehen. Wenig später hatte sie sich einer gemäßigten Gruppe angeschlossen, die Liu Shaoqi, den damaligen Staatspräsidenten und Kontrahenten Maos, unterstützte. Eines Tages wurde sie verhaftet. Der Aufforderung, sich öffentlich von dieser Gruppe zu distanzieren, widersetzte sie sich. Zur Strafe wurde sie in eine weit entfernte Provinz deportiert. Hier verblieb sie von 1969 bis 1972 in Einzelhaft in einem gefängnisähnlichen Arbeitslager, einer »Kaderschule 57«. Sie durfte weder Briefe schreiben noch empfangen, sie war völlig isoliert. Abends sei sie oft verhört und aufgefordert worden, ihre politischen Irrtümer einzugestehen, was sie nicht gekonnt habe.

Es sei die furchtbarste Zeit in ihrem Leben gewesen. Sie habe gedacht, sie würde verrückt. Sie sei völlig vereinsamt gewesen und habe unter Halluzinationen und Alpträumen gelitten sowie an Herzklopfen und Schlaflosigkeit – ähnlich wie jetzt seit 2000.

Nach ihrer Entlassung sei sie verändert gewesen, reizbar und streitsüchtig. Sie habe bis in die 90er Jahre noch Alpträume gehabt.

Das Schlimmste für sie sei gewesen, dass sie sich nicht um ihren Sohn habe kümmern, seine Entwicklung nicht habe begleiten können. Deshalb habe sie ihm und seiner Frau, als sie zur Weiterqualifikation ins Ausland gingen, jetzt gern angeboten, das Enkelkind zu sich zu nehmen, um dieses »Versäumnis« nachzuholen.

Sie sieht die Kulturrevolution nachträglich als eine Katastrophe »für mich und die ganze Nation« an. Gleichzeitig besteht sie darauf, dass die Ziele des

Kommunismus, wie zum Beispiel Uneigennützigkeit, gut seien. An dieser Überzeugung halte sie fest.

Ein möglicher Zusammenhang zwischen ihren Beschwerden und den während der Kulturrevolution erlittenen schweren psychischen Belastungen wurde erst im Rahmen unserer Untersuchung hergestellt.

Das traumatisierende Element ist die vollkommene soziale Isolation. Diese hat zu der nachhaltigen Angsterkrankung geführt, deren eigentliche Ursache jedoch nicht gesehen wird. Dass die Symptomatik noch im Jahre 2006, als unser Gespräch stattfand, einer Organerkrankung, für die es jedoch keinerlei Befunde gab, zugeordnet wurde, kann einerseits der »materialistischen« Ursachenzuschreibung, wie sie in totalitären Staaten üblich ist, angelastet werden, andererseits aber auch der Verleugnung der revolutionären Gewaltmaßnahmen und ihren Auswirkungen. Jahrelange Einsamkeit, Unterdrückung und Unsicherheit über Verbleib und Schicksal der Angehörigen, ohne dass je Trost erwartet werden konnte, hatten bei Frau L. zu einer Persönlichkeitsveränderung mit bleibender Angstbereitschaft geführt. In tragischer Weise erfüllte sich ihr Wunsch, an ihrem Enkel nachzuholen, was ihr als Mutter verwehrt worden war, nicht. Aufgrund seiner autistischen Erkrankung ist das Enkelkind, wenn auch auf andere Weise, so unerreichbar wie es ihr Sohn für sie war. Diese traurige Gewissheit führte dann zu einer Wiederkehr der alten, nie überwundenen Angstsymptomatik.

Auch im zweiten Fall geht es um die Zerstörung sozialer Beziehungen. Hier gibt ein fanatischer Vater seinen Sohn preis, weil er sich ganz mit dem Totalitätsanspruch Maos und der Partei identifiziert hat. So opfert er seine Familie und damit den traditionell unverbrüchlichen Kern der chinesischen Gesellschaft.

Der 1955 geborene Arzt für traditionelle chinesische Medizin, Herr Z., ist seit sechs Monaten Patient auf der Psychotherapiestation, wo ich ihn 2004 spreche. Er kann seinen Beruf nicht mehr ausüben. Er leidet seit Jahren, nachdem ihn seine Frau verlassen hat, unter der Angst, sich zu beschmutzen. Immer, wenn er sich hinsetzt oder auch hinlegt, meint er, »kontaminiert« oder infiziert zu werden. Er muss dann seine Oberkleidung waschen. Seine Hände sind durch dieses zwanghafte Waschen wund, voller Hautdefekte.

Er wirkt jünger als er ist, sympathisch, verlegen und verloren, unharmonisch, trotz seiner Verschmutzungsängste etwas ungepflegt, die Finger braun von Nikotin. Er sitzt steif im Sessel und vermeidet es, die Arme auf die Lehnen zu stützen. Er stottert etwas, richtet sich zunächst ganz an den übersetzenden Kollegen, später kann er auch mit mir Augenkontakt aufnehmen. Er betont, wie bitter es für ihn ist, über seine Vergangenheit zu sprechen.

Er ist das zweite von vier Kindern und der einzige Sohn. Er sei ein schüchternes Kind gewesen. Die von der Partei arrangierte Ehe der Eltern sei schlecht gewesen. Die Mutter sei eine liebe Frau gewesen, habe sich aber nie durchsetzen können. Der Vater, ein Arbeiter, sei ein fanatischer Revolutionär gewesen und wegen seiner Verdienste 1969 in eine nordwestliche Provinz zur Herstellung der chinesischen Atombombe eingesetzt worden.

Es drängt den Patienten, das entscheidende Erlebnis seines Lebens zu erzählen: 1970 entdeckt der damals 15-Jährige, dass im Klassenraum das Gesicht Maos auf einem Plakat durchgestrichen worden war. Es folgen brutale Verhöre des Jungen durch eine Propagandaeinheit; er wird von einem Kameraden beschuldigt, dies getan zu haben, weil es – seiner Körpergröße nach – hätte möglich sein können. Er verneint, weint, bricht in Panik aus. Keiner glaubt ihm. Die Eltern werden in die Schule zitiert und der Vater – sofort von der Schuld des Sohnes überzeugt, oder um sein Gesicht als ergebener Parteigenosse zu wahren – verprügelt ihn – trotz seiner verzweifelten Beteuerungen – vor aller Augen. In der Folgezeit wird er von Lehrern und Mitschülern ausgegrenzt und in einer eigens für diesen Vorfall anberaumten Versammlung kritisiert. Sogar seine ältere Schwester schreibt ein Pamphlet gegen ihn, das er verzweifelt in einer Wandzeitung liest.

Während er dies erzählt, kann er seine Tränen nicht zurückhalten, und auch der Übersetzer und ich sind bewegt. Auf meine Frage, wie die Mutter sich verhalten habe, meint er, er könne sich nicht erinnern, es sei zu lange her. Er glaubt, dass dieses Erlebnis seine Persönlichkeit geprägt habe.

Er hat zwei Kinder. Als ich ihn frage, wie er sich selbst als Vater erlebe, sagt er, er sei wie eine Mutter. Zu seinem Vater, der inzwischen an der Alzheimerschen Erkrankung leidet, hat Herr Z., nachdem er das Haus verlassen hat, um zu studieren, nie wieder Kontakt gehabt.

In diesem Fall wird der Junge nicht nur einer schamvollen Szene ausgesetzt, sondern von der Familie, die der Partei blind gehorcht, verraten.

Hier liefert die politische Situation die Folie für ein komplexes Trauma, das, nach Reaktivierung durch das Verlassen-Werden durch die Ehefrau, zu einer schweren psychischen Erkrankung geführt hat. In der traumatischen Realität einer absoluten inneren Einsamkeit und Trostlosigkeit ist das Vertrauen auf die Präsenz guter Objekte und die Erwartbarkeit mitmenschlicher Empathie zerstört worden (vgl. Bohleber 2000, S. 821).

Das Bauen auf die Zuverlässigkeit enger Beziehungen spielt in allen Gesellschaften eine fundamentale Rolle für das Selbstverständnis und das Wertesystem der Menschen. In traditionellen Gesellschaften wie der chinesischen mit ihrer seit alters her engen Bindung in Familie, Freundeskreis und unter Arbeitskollegen ist die Sicherheit, die diese Primärgruppen vermitteln, von größerer existenzieller Bedeutung als in individualisierteren Gesellschaften. Bei fast allen unseren Gesprächspartnern war der Glaube an diese ursprünglich Sicherheit gebenden Mitmenschen zutiefst erschüttert worden.

Fischer und Riedesser (2003, S. 138) haben für die Konstellation, wenn der Täter ein Vertrauter des Opfers ist, den Begriff des *Beziehungstraumas* gewählt. Sie betonen, dass gerade die Traumatisierung durch einen gravierenden Vertrauensverlust, wenn er durch einen nahestehenden Menschen verursacht wird, besonders nachhaltig ist.

Das dritte Beispiel, aus einem anderen Milieu, veranschaulicht den irreversiblen Zusammenbruch einer großen Familie, die vor 1949 zur Bildungselite gehört hatte.

Meine Gesprächspartnerin, Frau Y., 1962 geboren, ist eine gewandte, liebenswürdige und erfolgreiche Wissenschaftlerin. Sie hat als Kind die Tragödie ihrer väterlichen Familie erlebt und erzählt sie mir im Jahr 2006.

Der Vater von Frau Y., 1925 als zweiter von vier Söhnen geboren, stammte aus einer aristokratischen, wohlhabenden und einflussreichen Familie. Er sei Gelehrter und Universitätsprofessor gewesen.

Sein älterer Bruder, der Onkel von Frau Y., der von der ganzen Familie sehr geliebt und verehrt worden sei, hatte sich 1957 an der »Hundert-Blumen-Kampagne« beteiligt. Er wurde daraufhin zusammen mit vier Freunden, die später sämtlich unter nicht näher bekannten Umständen ums Leben kamen, inhaftiert. Nach dem Gefängnisaufenthalt hatte der Onkel kein Auskommen mehr. Um seine Familie zu ernähren, verkaufte er auf der Straße Frühstück, das seine Frau zubereitet hatte. Als er dabei eines Tages auf seinen jüngsten Bruder traf, habe dieser so getan, als kenne er ihn nicht. Dies habe der Onkel seinem Bruder nie verziehen.

Der Vater von Frau Y. hatte sich in den 40er Jahren der Kuomintang angeschlossen. In der Hoffnung, Verfolgungen zuvorzukommen, arbeitete er an einer Armeeuniversität. 1969 wurde er jedoch zur Umerziehung in ein Arbeitslager aufs Land geschickt, wo er, verzweifelt über die politische Situation Chinas, dreimal versuchte, sich das Leben zu nehmen. Seine Frau und die Kinder lebten in ständiger Angst. Frau Y. erinnert sich, wie die Mutter sie in Begleitung eines Freundes der Familie ins Lager schickte, um den von ihr sehr geliebten und bewunderten Vater zu besuchen. Die Mutter hatte ihr einen Brief ins Kleiderfutter genäht. Die damals siebenjährige Frau Y. wurde untersucht, der Brief wurde gefunden und sie wurde beschimpft, dass sie einen »schlechten Menschen« besuchen würde. Es sei für sie eine unerträglich beschämende Situation gewesen. Bald darauf sei der Vater schwer erkrankt und in aussichtslosem Zustand in die Stadt zurückgeschickt worden, wo er kurz darauf verstarb.

Zur Beerdigung sei keiner seiner drei Brüder gekommen. Bis heute besteht kein Kontakt mehr zu den Geschwistern des Vaters.

In dem Beispiel wird der massive Angstdruck deutlich, der auf vielen Familien lag und der schließlich, stärker als die traditionellen familiären Bindungen, das Zusammengehörigkeitsgefühl irreversibel zerstörte. Die Angst, gleichsam »kontaminiert« durch die »Vergehen« der Geschwister zu sein, führt zu Verleugnung und damit zu einem Verrat, der im chinesischen kulturellen Selbstverständnis als Tabubruch gelten muss.

2.2.2 Verlust der traditionellen Ordnung

Ein »Orientierungstrauma« entsteht, wenn Sicherheit gebende, in diesem Fall kulturell verankerte Ordnungen zerstört werden. Das Erwartbare tritt nicht ein, es kommt zu einem Zusammenbruch des Orientierungsprogramms, bei dem basale Verhaltenskategorien verwirrt werden (Fischer/Riedesser 2003, S. 70f.). Damit kann auch ein absoluter Sinn- und Werteverlust einhergehen. Es geht hier, ebenso wie bei der im letzten Fallbeispiel beschriebenen erzwungenen Zerstörung des familiären Zusammenhalts, um ein Zerbrechen des kulturell verankerten Gebots familiärer Loyalitäten.

Hier soll es jetzt unter anderem um die gewaltsame und viel zu schnelle

Umkehr der hierarchischen Ordnung gehen, die seit Jahrtausenden das chinesische Leben bestimmt hat.

Rivalisieren mit den Eltern und adoleszentes Ringen um Selbstbestimmung kommt in traditionell konfuzianischen Gesellschaften nicht vor (Sun 1994). Kindliche Ergebenheit in der Familie gehörte ebenso wie die Ergebenheit des Volkes unter seine Führer zu den Grundpfeilern der chinesischen Gesellschaft. Jetzt – im Zuge der »Umformung« – wurde die alte Ordnung, die über Jahrtausende die Familien und die Gesellschaft bestimmt hatte, vehement bekämpft. Sich zu seiner Familie zu bekennen, konnte den Verrat am Vaterland oder auch seiner Repräsentanten wie der Kommunistischen Partei bedeuten (vgl. das Beispiel Frau Y., Kap. 2.3.1). Dieser »Verrat« musste unter Umständen mit dem Leben bezahlt werden.

So ist die Massenmobilisierung der Jugend als revolutionäre Kraft gegen Väter, Lehrer und Professoren, die mit ungeheuren terroristischen Gewaltakten einherging, vergleichbar mit organisiertem Vatermord innerhalb der Familien, Schulen und Universitäten. Während der Säuberungsaktionen in der jungen Volksrepublik galt die Denunziation der Väter sogar als ultimative symbolische Handlung einer gelungenen »Gedankenreform« im Rahmen der »Umerziehung« (Lifton 1963, S. 384). Vor dem Hintergrund tief verwurzelter kultureller Muster waren diese gewaltsamen Forderungen aber Tabubrüche katastrophalen Ausmaßes mit der Folge eines zutiefst erschüttertem Selbst- und Weltverständnisses (vgl. Bohleber 2000). Nur der Kommunistischen Partei galten jetzt Gehorsam und Untergebenheit. Alle Macht lag bei Mao, dem uneingeschränkten Übervater.

Durch das Land zogen sich »Demarkationslinien« zwischen Vätern und Söhnen, altem und neuem Regime, Familie und Partei, Vergangenheit und Zukunft (Lifton 1963, S. 384).

Mit dem Sturz der Väter ging ein schwerer Angriff auf das Ansehen, beziehungsweise das »Gesicht« der Betroffenen einher. Die systematisch in dem Programm repressiver Maßnahmen eingesetzte forcierte Beschämung – mit der Folge eines Gesichtsverlustes ganzer Familien –, wurde als Sanktion für nicht parteikonformes, »abweichendes« Verhalten eingeführt. Schamangst wurde funktionalisiert. Die Folge war eine Isolation der Betroffenen, die mit sozialer Vernichtung gleichzusetzen ist.

Kinder, die als Augenzeugen dabei waren, wenn ihre Eltern, Lehrer oder überhaupt Menschen älterer Generationen entwürdigt und verächtlich gemacht wurden, erlitten Identifikationskrisen und verloren ihre innere Orientierung. Dies betrifft nicht wenige unserer Gesprächspartner.

Herr M., 1957 geboren, jüngster Sohn eines Architekturprofessors und einer Dozentin, war zehn Jahre alt, als beide Eltern für drei Jahre in den »Kuhstall« gesperrt wurden. Unmittelbar vorher war dem Vater bei einer »Kampfsitzung« ein Arm gebrochen worden. Herr M. wurde nach der Deportation der Eltern von seinem älteren Bruder versorgt, der ihn oft grausam und grundlos gedemütigt habe. Gelegentlich wurde er von einer Nachbarin, einer Freundin seiner Mutter, ebenfalls eine Intellektuelle, getröstet.

Eines Tages – und dies könne er nicht vergessen – kamen die Roten Garden und durchwühlten die Wohnung dieser Nachbarn. Das Ehepaar wurde gezwungen, hohe Schandhüte zu tragen. So wurden beide durch die Straßen getrieben, beschimpft und angegriffen. Danach habe man sie noch weiter dadurch erniedrigt, dass man ihnen die Köpfe kahl schor. Herr M. war elf Jahre alt und das, was er gesehen hatte, löste in ihm Panik aus. Er konnte in der Nacht danach nicht schlafen, machte ins Bett und wurde deshalb von seinem Bruder heftig geschlagen.

In der Folgezeit hatte er immer wieder Alpträume, in denen seine Eltern terrorisiert wurden. Es stellten sich auch seelisch bedingte Sehstörungen ein, die sich erst Jahre später besserten. Die Erinnerung an die feindliche Haltung seines Bruders ist für ihn noch während des Gespräches mit dem Kollegen, dem er im Jahre 2005 seine Geschichte erzählt, so schmerzlich, dass er weinen muss.

Das Kind war dem ungeheueren Geschehen der Demütigung seiner Eltern und später der Misshandlung derjenigen, die sich nach deren Verhaftung liebevoll um ihn kümmerten und ihn trösteten, verständnislos und schutzlos ausgeliefert. Der Bruder, wohl selbst überfordert, konnte ihm die nötige emotionale Hilfe nicht geben. Herr M. entwickelte Sehstörungen, eine psychogene Symptomatik, die ihm möglicherweise den Anblick weiterer, ähnlicher Ereignisse ersparen sollte.

Vielen Kindern und Jugendlichen, insbesondere aus bürgerlichen Familien, wurden Bildungschancen, oft überhaupt der Schulbesuch, verweigert. In diesen Familien kam es so zu einem vom Regime bewusst gewollten Bruch in der Familientradition hinsichtlich des Bildungsstatus. Vielen jungen Menschen war es so verwehrt, ihre Lebensentwürfe zu realisieren.

Auch eine Mitgliedschaft in politischen Gruppen, wie zum Beispiel den Roten Garden, wurde Kindern politisch suspekter oder akademisch gebildeter Eltern verweigert. Das heißt, dass ihnen in Latenz und Adoleszenz keine Gruppen gleichaltriger Freunde zur Verfügung standen, sie abseits standen und sich ausgestoßen fühlen mussten.

Meine Kollegin Zhao Mei interviewte Herrn S. im Jahre 2004.

1959 als jüngstes Kind eines Professorenehepaares geboren, wurde er von den Eltern getrennt, als er sieben Jahre alt war und in die erste Klasse ging. Der Vater wurde damals für sechs Jahre in den »Kuhstall« gesperrt, die Mutter kam für neun Jahre in eine »Kaderschule 57«. Der Vater war vorher öffentlich durch Wandzeitungen und auf Versammlungen kritisiert worden und musste die Universität verlassen. Auch Herr S. wurde in der Schule kritisiert und durfte nicht, wie seine Klassenkameraden, den »Roten Garden« beitreten. Er habe sich einsam und abgeschnitten gefühlt. Er berichtet, wie er als Siebenjähriger Zeuge wurde, wie eine alte Frau auf der Straße verprügelt wurde: »Ich war zutiefst erschrocken und dachte, der Krieg sei ausgebrochen!« Dann sei mit den Lehrern abgerechnet worden. Er erinnert sich, wie ein von ihm sehr geliebter und verehrter Lehrer auf Glasscherben niederknien musste und beschimpft wurde. Schließlich wurde auch sein Vater gepackt und mit einem Schild um den Hals, auf dem sein »Vergehen« stand, abgeführt. Er habe damals nicht verstanden, warum dies geschah. Später habe er gehört, dass der Vater zu den »oppositionellen wissenschaftlichen Autoritäten« gehört habe, was noch schlimmer gewesen sei, als »Konterrevolutionär« oder »Kapitalist« zu sein.

Herr S. sei mit seinen beiden älteren Geschwistern aufgewachsen, die sich aber nur notdürftig um ihn gekümmert hätten und dann aufs Land geschickt wurden. So sei er mit seinen Fragen allein gewesen und Einsamkeit, Angst und das Gefühl der Minderwertigkeit hätten seine Kindheit und Jugend bestimmt.

Er sei nur einfacher Arbeiter geworden, habe später aber in seiner Fabrik eine mittlere Karriere gemacht. Zu seinen Eltern, die nach dem Ende der Kulturrevolution wegen ihrer unterschiedlichen politischen Meinungen einander feindlich gesonnen gewesen seien, habe er immer nur eine sehr distanzierte Beziehung gehabt.

Er sagt: »Ich bin überzeugt, dass die Kulturrevolution mich und meine ganze Generation zerstört hat. Sie hat uns die Orientierung genommen. Die

Chinesen jener Jahre waren wahnsinnig. Man kann sagen, dass die Menschen einander feind waren. Die seelischen und körperlichen Qualen jener Art von Hölle versetzten die Menschen in einen Zustand, in dem sie weder leben noch sterben konnten. Und die Leute, denen der Selbstmord nicht gelang, waren noch bedauernswerter.«

2.2.3 »Gedankenreform«: Aufgezwungener Identitätswandel

Die Opfer der »Gedankenreform-Kampagne« gehören zu den älteren der von uns untersuchten Gesprächspartner. Wie bei dem Schriftsteller Ba Jin, dessen Schicksal schon angedeutet wurde, liegt die Tragik oft darin, dass es sich um zunächst begeisterte intellektuelle Revolutionäre handelte, die voller Idealismus früh der Kommunistischen Partei beigetreten waren und dann deren Opfer wurden.

Frau C., 1925 geboren, spricht im Jahre 2005 insgesamt etwa zehn Stunden mit meiner chinesischen Kollegin Zhao Mei. Diese beschreibt sie als eine zarte, noch heute elegant wirkende alte Dame, die, aus einer gebildeten Familie stammend, in den 40er Jahren an der Universität Beijing, der angesehenen »Beida«, Sozialwissenschaften studiert hat. In den 90er Jahren hat sie gemeinsam mit anderen historisches Material über die Kulturrevolution gesammelt. Sie unterstützt unsere Untersuchung aktiv, wie sie sagt, aus einem Verantwortungsgefühl ihrem Land gegenüber. Meine Kollegin hat das Gefühl, dass sie so etwas wie eine Reinigung von ihren schrecklichen Erinnerungen erfährt. Sie schreibt in ihrem Bericht: »Während ich mit ihr sprach, hatte ich das Gefühl, dass sie mir stellvertretend für alle alten intellektuellen Chinesen Vertrauen schenkte und ein Vermächtnis übergab.«

Frau C. arbeitete 1949 nach Beendigung ihres Studiums nicht als Akademikerin, weil das als »bourgeois« galt. Sie widmete sich »mit ganzem Herzen« der revolutionären Bewegung in einer untergeordneten Parteifunktion. 1957 war sie nach ihren engagierten Reformvorschlägen bei der »Hundert-Blumen-Kampagne« als Rechtsabweichlerin zur Umerziehung durch Arbeit auf das Land geschickt worden, wo sie härtesten Bedingungen und massiven Indoktrinationen ausgesetzt war. Mit einer gewissen Bitterkeit stellt sie fest, dass sie diese Maßnahme damals für richtig gehalten habe.

Während der Gespräche wird eindrucksvoll deutlich, wie Frau C. diesen Verrat der Partei an ihr völlig verleugnet hat. In den Gesprächen werden die Erinnerungen dann geordnet, mithilfe des Ehemanns, der sich an die Bedrücktheit seiner Frau erinnert, wenn sie einmal im Monat nach Hause kommen durfte. Frau C. resümiert: »Ich habe wohl daran festgehalten, weil ich keine sinnlosen Opfer bringen wollte. In jener Zeit durften wir keine eigenen Gedanken haben, wir mussten uns völlig konform mit den Zielen der Partei zeigen, hatten keine Wahlmöglichkeit. So wurde das eigentlich Menschliche in der totalen Unterordnung zerstört.« Sie erinnert sich, dass sie – um sich zu schützen – Aussagen gegen ihre Überzeugung gemacht habe, und sie betont, dass sie, ursprünglich gesellig und vertrauensvoll, ihre früher unbefangene Art anderen Menschen gegenüber völlig verloren habe. »Mir wurde klar, wie weit die Selbstunterdrückung des chinesischen Volkes gegangen war.«

Frau C. beschreibt, wie das »eigentlich Menschliche« zerstört worden ist: Das Trauma ist der Angriff auf ihre Identität. Sie hat den ursprünglichen – ihrer familiären Tradition entsprechenden – Lebensentwurf als Akademikerin zugunsten der von der Partei vorgegebenen Linie überzeugt aufgegeben und sich ganz der Idee eines neuen China gewidmet. In gutem Glauben, mit ihren Verbesserungsvorschlägen bei der »Hundert-Blumen-Kampagne« etwas Konstruktives für die Gesellschaft zu tun, läuft sie in die Falle, sie wird für ihr Engagement bestraft und als »übles Element« eingestuft. Wenn sie betont, dass sie dies zunächst für »richtig« gehalten habe, zeigt sie, wie erfolgreich das Programm der Denkreform war.

Bei fast allen unseren Gesprächspartnern ist es zu einem Zusammenbruch des inneren Koordinatensystems gekommen. Viele sind daran für immer zerbrochen. Als Intellektuelle versucht Frau C. jedoch nachträglich und trauernd, der Aufgabe ihres Selbst durch Identifikation mit den Zielen der Partei einen Sinn zu geben. Sie sammelt mit Gleichgesinnten Material, um ihre und die Leiden ihrer Mitmenschen nicht vergessen zu lassen. Das hat Anfang des 21. Jahrhunderts im modernen China, das die Wunden seiner jungen Geschichte noch verleugnen muss, immer noch eine subversive, widerständige Komponente. Doch jetzt ist sie die Sozialwissenschaftlerin, die ihr Selbst wiedergefunden hat.

2.2.4 Formen des Widerstands

Weder in unseren Fallgeschichten noch in der sogenannten »Narbenliteratur«, das heißt in autobiografischen Berichten, die nicht nur von Exilchinesen Anfang der 80er Jahre des letzten Jahrhunderts veröffentlicht wurden, finden sich Hinweise auf einen – wie auch immer – organisierten Widerstand oder eine bekannt gewordene oppositionelle Bewegung. Eine Ausnahme bildet eine Gruppe von drei Intellektuellen in Kanton, der Li Yizhe-Kreis. Diese Intellektuellen verfassten kritische Wandzeitungen und wandten sich 1974 mit einem Manifest direkt an Mao (vgl. Gänßbauer 1996, S. 284).

Dennoch haben wir bei einzelnen Gesprächspartnern Widerstand erlebt. Er äußerte sich oft durch Schweigen oder aber, wie im folgenden Fall, durch offene Gehorsamsverweigerung.

Frau A., 1935 geboren, wird wegen schwerer Depressionen, Herzbeschwerden und Schlafstörungen in einem großen psychiatrischen Krankenhaus Südchinas stationär medikamentös behandelt. Dort spricht mein Kollege Meng Xian Zhang 2003 mit ihr.

Frau A. ist die Tochter eines hohen Offiziers der Kuomintang. Sie war eine hochbegabte Tänzerin mit vielversprechender Karriere, die als »Kämpferin in der Truppe der Kulturarbeiter« tanzte. Sie sei ein fröhliches und aufgeschlossenes junges Mädchen gewesen.

Schon 1949 muss sie erleben, wie ihr Vater als »historischer Konterrevolutionär« zu 20 Jahren Gefängnis und Umerziehung verurteilt wird. 1952, sie ist 17 Jahre alt, wird ihr nahegelegt, ihn öffentlich anzuklagen und die Beziehung zu ihm abzubrechen. Dies wird von ihr zum Beweis ihrer Treue zur revolutionären Bewegung und zur Partei verlangt. Sie lehnt, überzeugt von der Unschuld des Vaters, ab und wird daraufhin – trotz brillanten Könnens – nur in drittrangigen Aufführungen eingesetzt. Sie darf auch nicht an Gastspielen im Ausland teilnehmen. Sie fühlt sich unglücklich und beschämt, minderwertig und unsicher. Sie muss öffentliche Kritikversammlungen über sich ergehen lassen. Trotz härtester Arbeit wird ihr jede Anerkennung verweigert. Obwohl – oder, wie sie sagt, gerade weil – sie sich mit den Zielen der Partei identifiziert, übt sie Kritik an einigen Funktionären, die sich anzüglich den Tänzerinnen ihrer Truppe gegenüber verhalten haben. Sie wird aufs Land geschickt und von ihrem einen Monat alten Sohn getrennt. Auch hier muss sie Kritikversammlungen über sich ergehen lassen. Man will sie zwingen, sich selbst zu bezichtigen. Frau A. kann nur schweigen. Sie merkt dann beunruhigt, dass sie nur noch verschwommen sehen kann. Sie bekommt Herzrasen und Schweißausbrüche und zittert am ganzen Leib.

Später wird sie rehabilitiert und macht, wenngleich mit großer Anstrengung, noch eine eindrucksvolle Karriere. Sie möchte und kann beweisen, dass sie exzellent ist.

Ihre Symptome treten verstärkt wieder auf, als sie – seit einigen Jahren pensioniert und zurückgezogen lebend – 1998 von der Partei unter Druck gesetzt wird, wieder als Tanzlehrerin tätig zu werden.

Sie sagt, dass sie den Menschen nicht mehr vertrauen könne, und lehnt die von dem Kollegen angebotene Psychotherapie ab, weil sie sich nicht in der Lage fühlt, sich mit dem Vergangenen noch einmal auseinanderzusetzen.

Der offene Widerstand dieser aufrechten Frau ist Ausdruck einer ungewöhnlichen Zivilcourage, die sie aber teuer bezahlt. Ihr Trauma bleibt als nicht assimilierter Fremdkörper in ihrer seelischen Struktur eingeschlossen. Ihre Symptomatik, die während ihres Rückzugs offensichtlich ruhte, tritt in klinischer Form wieder auf und überwältigt sie erneut, als man sie auffordert, wieder in ihrem alten Beruf tätig zu werden. So wird sie erneut mit ihrer Vergangenheit konfrontiert. Jetzt leidet sie unter einer schweren, behandlungsbedürftigen Depression. Ihre Hoffnungslosigkeit zeigt sich auch darin, dass sie offensichtlich ein verständnisvolles, empathisches Umgehen mit ihren psychischen Verletzungen durch den Therapeuten nicht mehr erwartet.

Die von Frau A. gezeigte Zivilcourage haben wir selten angetroffen. Meist fanden wir Widerstand in Form von innerer Emigration:

Pater S., mit dem Zhao Mei im Jahre 2003 spricht, wurde 1958 als mittleres von drei Kindern in eine Familie geboren, die in den 1930er Jahren katholisch geworden war. Sein Vater, ursprünglich Fabrikbesitzer, verwaltete nach 1949 seinen Betrieb für die Kommunistische Partei weiter. Er wurde auch als Mitglied aufgenommen.

1966 wurden die Kirchen gestürmt. Als Achtjähriger wurde er Zeuge, wie Nonnen von den Roten Garden gefesselt herumgeführt und dann erschlagen wurden. Dieses Erlebnis, sagt Pater S., habe sich tief in seine Seele eingeprägt.

Die Roten Garden kamen auch in ihre Wohnung, plünderten, zerstörten die Einrichtung und versiegelten die Schränke, sodass Mutter und Geschwister im Winter keine warme Kleidung hatten. Der Vater wurde für ein Jahr eingesperrt, die Familie war ständig bedroht und lebte völlig isoliert.

Pater S. berichtet unter großen Schwierigkeiten über die Orientierungslosigkeit, die seine Jugend bestimmte. Er habe nie verstanden, warum seine Familie, die der gesellschaftlichen Umwälzung gegenüber zunächst positiv und hoffnungsvoll gegenübergestanden hatte, nun so entwürdigt worden sei. Er sagt: »Diese Zeit hat Monster hervorgebracht – und alle waren Opfer. Die Menschen schufen Tragödien. Wie in der Bibel steht: Denn sie wissen nicht, was sie tun. Diejenigen, die andere misshandelten, waren auch zu bedauern, weil sie ihre Bestialität nicht kontrollieren konnten. Auch die Opfer wollten Revolutionäre sein und wussten nicht, warum sie für schuldig befunden wurden.«

Er sei in die innere Emigration gegangen und habe »durch Schweigen gekämpft«. Er habe Zuflucht zu seinem Glauben gesucht, das habe ihm in seiner Depression und Einsamkeit geholfen. Die Religion wurde zu seinem Lebensinhalt, nachdem er erlebt habe, dass alle anderen Werte verloren gegangen seien.

Viele berichten über Selbstmorde in der Familie als ultimativem Widerstand der totalen Verweigerung. Offiziell wird bisher über die große Zahl der Selbsttötungen geschwiegen.

Ein aus einer aristokratischen Familie stammender, 1952 geborener Gesprächspartner, dessen Vater wegen seiner Herkunft von 1954 bis 1980 inhaftiert war, berichtet eindrucksvoll, wie er seinen Selbsttötungswünschen widerstanden hat. Ursprünglich glühender Anhänger der Revolution, durchschaut er die Farce, nachdem er sich einer Sympathiekundgebung für Liu Shaoqi, dem in Ungnade gefallenen und dann inhaftierten ehemaligen Staatspräsidenten, angeschlossen hatte und erkennt, wie die Menschen zu Marionetten geworden sind. Er sagt: »Ich fühlte mich sehr viel würdiger als meine Verfolger und war überzeugt, dass es sich nicht lohnte, für diese Heuchler zu sterben. So lebte ich weiter in stummer Opposition.«

Für viele wurde jedoch die Selbsttötung zur einzigen Möglichkeit, ihr verratenes Selbst zu retten.

2.3 Die Folgen

Die Zeitzeugen, mit denen wir sprachen, waren Personen aus dem persönlichen Bekanntenkreis der kooperierenden Kollegen oder solche, die als Patienten in einem klinischen Rahmen gesehen wurden. Wir haben bei den meisten, unabhängig davon, ob sie sich in Behandlung befanden oder nicht, schwere psychopathologische Zustandsbilder gesehen: paranoide Entwicklungen oder Zwangserkrankungen, ausgeprägte posttraumatische Belastungsstörungen und chronisch depressive Zustände. Bei zweien unserer Gesprächspartner kam es während der Interviews zu Angstanfällen.

Oft trat bei den Patienten die alte Symptomatik nach Ereignissen wieder auf, die das verschlossene Trauma an die Oberfläche gespült hatten. So zum Beispiel nach Verlusten wie bei Herrn Z., dessen Frau sich von ihm trennte, oder bei familiären Katastrophen wie die Entwicklung eines Autismus bei dem Enkel von Frau L., zu dem dann kein innerer Kontakt möglich war.

Als gemeinsamen Nenner fanden wir einen allgemeinen Vertrauensverlust in die Menschen im Allgemeinen und gegenüber dem Staat im Besonderen. Dies hatte, bei etwa einem Drittel der Untersuchten, insbesondere den älteren, zu sozialem Rückzug und Vereinsamung geführt. »Meine Herzensideale sind zertrümmert worden«, sagte ein ehemals glühender Anhänger der Revolution, der, nachdem er öffentlich für den gemäßigten Liu Shaoqi eingetreten war, inhaftiert wurde.

Viele berichten nicht nur über psychische, sondern auch gravierende körperliche Erkrankungen: über chronische psychosomatische und funktionelle Erkrankungen, dabei nicht selten, wie schon beschrieben, psychogene Ausfälle wie Sehstörungen und passagere Bewusstseinsverluste. Verbitterung, dauernder Hass und Verlust der Selbstachtung sind häufig.

Die sich in den mittleren Lebensjahren befindlichen Probanden klagen häufig über Beziehungsprobleme.

So resümiert der 1950 geborene Herr X., der trotz hoher Begabung keine Ausbildung bekam und jetzt vereinsamt und ohne eigene Familie lebt: »Nach der Kulturrevolution habe ich nie wieder engere Bindungen zu Menschen haben wollen, ich hatte einfach kein Vertrauen mehr. Die Beziehungen zu anderen Menschen wurden völlig indifferent. Mein Gefühl der Abhängigkeit nahm ab, ich konnte nun selbstständig über alles nachdenken, war nicht mehr blind ergeben. Götzen konnte ich nicht wieder anbeten …«

Ein Rückzug, der nach bitteren Erfahrungen und Enttäuschungen zu mehr innerer Eigenständigkeit geführt hat, wird von manchen – möglicherweise rationalisierend – nicht unbedingt negativ beurteilt. Manche betonen, dass sich ihre Persönlichkeit insofern weiterentwickelt habe, als sie nun anderen Menschen kritischer begegnen könnten.

Es gab auch einige wenige Gesprächspartner, die sich an die Zeit der Kulturrevolution gerne zurückerinnern:

»Mein Urteilsvermögen hat sich geschärft, nachdem ich aufgehört habe, anderen zu vertrauen«, sagt Herr C., ein 1936 geborener Professor der Psychologie, dem es als Akademiker trotz seiner politischen Begeisterung von Jugend an verwehrt war, Mitglied der Kommunistischen Partei zu werden. Er könne jetzt andere Menschen besser durchschauen. Das spürte auch meine ihn untersuchende Kollegin, die sich während des Gespräches unbehaglich fühlte. Sie hatte den Eindruck, dass er sie dauernd misstrauisch kontrollierte.

Dieser Zeitzeuge, ein Sohn armer Bauern, hatte die Chance bekommen, zu studieren, was früher undenkbar gewesen wäre. Er wurde dann aber wegen »falscher Worte«, nämlich kritischer Äußerungen gegen die Machthaber, als »Rechtsabweichler« auf das Land geschickt. Hier zeigte er sich kompetent, führte Techniken ein, die die landwirtschaftliche Arbeit erleichterten. So errang er bald eine wichtige Position unter den Bauern und wurde zu einem Leiter gewählt. Er fühlte sich wohl und hatte Freude an der körperlichen Arbeit. Dies sei eine wirklich gute Zeit in seinem Leben gewesen.

Konstruktive Versuche, die Erschütterung zu bewältigen, sind eher selten. Sie entstammen dem Bedürfnis, der Leidenszeit nachträglich einen Sinn zu geben. So schreibt einer unserer Gesprächspartner seine Erinnerungen an die Zeit seiner Verfolgung auf, ebenso wie die Sozialwissenschaftlerin, deren Schicksal bereits beschrieben worden ist. Sie sammelt Material von Augenzeugen aus einem historischen Verantwortungsgefühl für die kommenden Generationen heraus. Die Geschichte soll nicht vergessen werden.

Zwei weitere untersuchte Personen versuchen, den Werteverlust durch religiöse Hinwendung zu kompensieren. Darunter ist eine 80-jährige Frau, eine alte Revolutionärin, die jetzt Falun-Gong-Mitglied ist und sich damit erneuter Verfolgung ausgesetzt. (Falun Gong ist eine seit 1992 bekannte religiöse Bewegung mit Elementen aus dem Qi, Buddhismus und Daoismus. Sie ist seit 1999 verboten.)

Positive Auswirkungen der Zeit unter Mao wurden in der Rückschau von zwei der von uns untersuchten Frauen gesehen. Sie betonten nachdrücklich, dass sich ihre gesellschaftliche Situation deutlich verbessert habe und dass allgemein die Emanzipation der Frauen in China ohne die Revolution nicht in diesem Ausmaß denkbar gewesen wäre.

Eine 1921 geborene, alte Revolutionärin, die sich als Mädchen ihrem ein Jahr jüngeren Bruder gegenüber von beiden Eltern stark benachteiligt und schlecht behandelt fühlte, lief im Alter von 15 Jahren von zu Hause weg – ohne später je wieder Kontakt zu ihnen aufzunehmen. Sie sagte: »Im Haus der Revolution erlebte ich zum ersten Mal menschliche Wärme.« Sie habe – auch als Kämpferin im antijapanischen Krieg – keine Gefahr gescheut und alles getan, was die Partei von ihr verlangt habe. Sie habe sich in dieser Zeit den Männern gegenüber gleichberechtigt gefühlt.

2.4 Das chinesische Trauma in der öffentlichen Diskussion

Die beschriebenen Lebensgeschichten stehen für viele, die nicht artikuliert worden sind. Die meisten unserer Gesprächspartner sagten, dass sie mit uns das erste Mal über ihre schmerzlichen Erfahrungen sprechen konnten. Viele jedoch, an die wir uns mit unserer Bitte um ein Gespräch gewandt haben, lehnten dies ab. Auch die publizierten Dokumentationen (so zum Beispiel von Zhang/Sang 1986 oder Feng 1987), autobiografischen Berichte oder Romane, in denen das große Leid des chinesischen Volkes problematisiert wird, haben sie nicht ermutigt, sich zu äußern.

Die Frankfurter Buchmesse 2009, bei der China Gastland war, löste erhebliche Kontroversen aus. Erstmals präsentierte sich China auf westlichem Boden mit seiner Literatur: Eine »kulturelle Öffnung«, die bisher noch nicht vorgekommen war. Dass sich China ungeschützt, wenngleich nicht unvorbereitet, der internationalen Kritik aussetzte, ist dabei ein bemerkenswertes Novum. Dennoch wurde auch deutlich, dass die Bücher, die die Wunden der chinesischen Gesellschaft aufzeigten, vorwiegend von Exilchinesen verfasst worden sind. Autoren, die innerhalb Chinas auf die repressiven Missstände hinwiesen, wurde die Ausreise verweigert. Viele wurden mit einem Publikationsverbot bestraft. So geschah es zum Beispiel dem Autor Liao Yiwu, der 1989 seinem Entsetzen über das Massaker auf dem Platz des Himmlischen Friedens in einem Gedicht Ausdruck verlieh. Er wurde für vier Jahre inhaftiert und misshandelt. Seine erschütternden Gesprächsprotokolle mit Menschen »der Gesellschaft von unten«, die teilweise schon 2001 in China herausgekommen waren, wurden kurz nach Erscheinen verboten. Das lesenswerte Buch ist 2009 unter dem Titel *Fräulein Hallo und der Bauernkaiser* auf Deutsch erschienen. Einer Einladung auf die Buchmesse konnte er nicht folgen. Er bekam kein Visum.

Den Kindern der Opfer der politischen Umwälzungen nach 1949 ist das Schicksal ihrer Eltern zum großen Teil unbekannt. Sie fragen nicht, und die Eltern erzählen nicht. Durch die Generationen ziehen sich Mauern des Schweigens. In tiefenpsychologisch orientierten Gesprächen mit Angehörigen der Generation, die während oder kurz nach der Kulturrevolution geboren wurden, ist aber deutlich geworden, dass der Schatten dieser Epoche auch auf ihnen liegt. Über die Weitergabe von insbesondere durch »man made desasters« verursachte Traumata an die zweite und dritte Generation gibt es seit den 60er Jahren des letzten Jahrhunderts eine Fülle von Literatur psychoanalytischer Autoren, die sich insbesondere mit den Opfern des Holocaust beschäftigt haben (vgl. Bohleber 2000). Über die Folgen der chinesischen Tragödie für die nächsten Generationen wird im nächsten Kapitel berichtet.

Das Schweigen der Zeitzeugen, der Täter und der Opfer, geht konform mit einer zum Schutz der eigenen Legitimität erlassenen Bestimmung der Kommunistischen Partei Chinas, keine Erörterung der Kulturrevolution zu erlauben (He 2006, S. 473). Hinsichtlich einer öffentlichen Auseinandersetzung mit ihr kann man von einer »Erinnerungsallergie« bzw. einer »besonderen Kultur des Vergessens« (Sausmikat 2006) sprechen. Eine öffentliche Reflexion oder ein offizielles Gedenken finden nicht statt.

Dass bald nach Beendigung der Kulturrevolution bis heute eine Vermarktung der abstrusesten Relikte und Kopien alter Symbole wie Mao-Bibeln, roten Armbinden, Uniformen und anderem Agitationsmaterial begann, mutet ebenso naiv wie zynisch an. Diese Artikel werden auch von Touristen gern gekauft.

Sie sind Ausdruck einer kollektiven erfolgreichen Isolierung der schmerzlichen Gefühlsinhalte, die mit diesen Gegenständen verbunden sind.

> Als Abschiedsgeschenk überreichte mir ein Kollege stolz eine Segeltuchtasche aus dem Arsenal der Volksbefreiungsarmee. In Harbin wurde ich in ein Restaurant eingeladen, in denen Kellner die Uniformen der Roten Garden trugen. Die Speisekarte enthielt ausschließlich Gerichte, die »revolutionäre« Bezeichnungen hatten.
>
> In der Tageszeitung *China Daily* las ich eine Notiz, in der eine Firma sich auf ein originelles Ausrichten von Festen spezialisiert hatte und ebenfalls Kellner mit den Uniformen der Roten Garden anbot. Bei einer dermaßen ausgestatteten Hochzeitsfeier hätten die älteren Gäste, so die Zeitung, »nicht erfreut« reagiert.

Die von der Kommunistischen Partei Chinas dominierte offizielle nationale Geschichtsschreibung befand 1981, fünf Jahre nach Maos Tod, dass sein Beitrag zur chinesischen Revolution, einschließlich der »Befreiung« von 1949, zu 70% gut und zu 30% fehlerhaft gewesen sei. Diese Einschätzung gilt bis heute. Dagegen steht, dass die Leiden in der Kulturrevolution in Filmen, Gedichten, Romanen und Autobiografien sehr wohl thematisiert worden sind. So gibt es eine »offizielle« und eine »inoffizielle« Historiografie. Dass in der »offiziellen« eine ernsthafte Analyse weiterhin aussteht, ist dabei sicher nicht zuletzt darauf zurückzuführen, dass die heute führenden Parteifunktionäre sich aus früheren Roten Garden rekrutieren (Weigelin-Schwiedrzik 2006).

Aus den in diesem Kapitel beschriebenen Lebensgeschichten der Opfer, die meist zum ersten Mal über ihre Leiden sprechen konnten, wird die offizielle Verleugnung der traumatischen Aspekte der neueren chinesischen Geschichte deutlich. Der gesellschaftliche Boden ist nicht für eine Auseinandersetzung mit der historischen Wahrheit bereitet, in der eine Anerkennung von Verursachung und Schuld angemessen vollzogen werden kann. Solange jedoch diese Abwehrtendenzen vorherrschen, werden sich die Opfer mit ihren Erfahrungen ausgegrenzt fühlen und weiterhin schweigen. Der öffentliche Umgang mit der Vermarktung der alten Memorabilien des Terrors spricht für eine in der Gesellschaft verankerte und von den Verantwortlichen gewollte, tief reichende Abwehr von Schmerz, Ohnmacht und Wut. So wird eine Kultur der Erinnerung und eine Auseinandersetzung mit der historischen Wahrheit verhindert. Nur ein gesellschaftlich unterstützter Prozess der Einfühlung und der Trauer könnte jedoch dazu beitragen, die verschlossenen Traumata vieler Chinesen kommunizierbar zu machen – und sie so möglicherweise zu lindern (vgl. Plänkers 2010).

3 Chinas neue Gesellschaft

In diesem Kapitel gehe ich auf die politischen, sozialen und kulturellen Wandlungen ein, die China nach dem Ende der Kulturrevolution und nach Maos Tod bewegt haben, insbesondere auf die Folgen der wirtschaftlichen Öffnung seiner Grenzen in den 80er Jahren des letzten Jahrhunderts. Ich möchte deutlich machen, welche Anpassungsleistungen der chinesischen Bevölkerung in kurzer Zeit abverlangt worden sind.

Im Vergleich zu den rasanten gesellschaftlichen Veränderungen, die China im letzten Jahrhundert überrollt haben, muten diejenigen, die wir in Europa erlebt haben, an, als seien sie in Zeitlupe geschehen. In nur einem halben Jahrhundert gab es in China eine feudale, eine bürgerliche und eine kommunistische Regierung, deren Revolution in einer Diktatur endete. Und auch, wenn die Kommunistische Partei jetzt weiter die Geschicke des Landes bestimmt, so kann man seit Ende des 20. Jahrhunderts doch nicht mehr von einer klassenlosen Gesellschaft sprechen. China hat sich in den letzten Jahrzehnten von einer der egalitärsten Gesellschaften zu einer mit kaum vorstellbaren sozialen Gegensätzen entwickelt. Die Unterschiede zwischen der im Osten gelegenen Küstenregion und Zentralchina sowie zwischen Stadt und Land sind hinsichtlich Bildung, Einkommen und Infrastruktur immens. Im Zuge der raschen politischen und sozialen Entwicklungen markieren schon Zeiträume von weniger als zehn Jahren einen Generationsunterschied. Dies ist umso bemerkenswerter, als die fünftausendjährige chinesische Geschichte bis zum Ende des Kaiserreiches 1911 für eine große Kontinuität stand. Ich werde jedoch beschreiben, dass alle gesellschaftlichen

Umwälzungen dem konfuzianisch durchtränkten kulturellen Mutterboden nur wenig anhaben konnten.

Nach einem halben Jahrhundert autokratischer Herrschaft durch die Kommunistische Partei, die jede Eigeninitiative unterdrückte, wird die chinesische Gesellschaft jetzt seit den 80er Jahren des 20. Jahrhunderts gezwungen, sich in großer Geschwindigkeit marktwirtschaftlichen Gesetzmäßigkeiten anzupassen. Der »reale Sozialismus« mit seinen Indoktrinationen und seiner umfassenden Kontrolle hatte jedoch zu einer Entmündigung der Bürger geführt. Die Bevölkerung war seit den 50er Jahren des 20. Jahrhunderts in familienübergreifende »Arbeitseinheiten« zusammengefasst, in die in Kapitel 1.1 erwähnten *Danweis*. Diese waren den Arbeitsplätzen in den Fabriken, Schulen, Zeitungen, Krankenhäusern etc. zugeordnet und boten abgeschlossene, von der Partei kontrollierte Lebensräume mit umfassender sozialer Absicherung. Neben der Versorgung Bedürftiger, Kranker und Betagter wurden die Kinder betreut, Sport- und Freizeitaktivitäten organisiert und Wohnungen zugeteilt. Die *Danwei* entschied über Streitigkeiten im Kollektiv, über Heiratsgenehmigung oder Scheidung und auch darüber, ob jemand die Hochschule besuchen durfte oder nicht. Sie hatte einen enormen Einfluss auf die persönliche Entwicklung der Mitglieder, die so auch maximal kontrolliert wurden. Das diese Arbeitseinheiten führende zuständige Parteikomitee war verantwortlich für politische Schulung und erwartete absolute Loyalität. So garantierten die Arbeitseinheiten zwar eine umfassende, lebenslange Versorgung, förderten aber auch ein Verhalten, in dem sich die Menschen nicht zu entscheiden brauchten, keine Verantwortung zu übernehmen hatten und zu Opportunismus verführt wurden.

Seit den 80er Jahren des letzten Jahrhunderts wurden die meisten staatlichen Betriebe privatisiert und ihre *Danweis* aufgelöst. In staatlichen Einrichtungen, wie etwa Krankenhäusern, gibt es zwar nach wie vor *Danwei*-ähnliche Strukturen, diese sind aber vergleichsweise sehr viel lockerer und betreffen weniger das Privatleben als vorher. So ist zum Beispiel die Altersversorgung 1996 per Gesetz wieder weitgehend in die Verantwortung der jüngeren Familienmitglieder zurückverlagert worden, weil eine staatlich geregelte Rentenordnung nur punktuell eingeführt wurde (Darimont 2005; Kolonko 2005).

Nach langer Entmündigung muss die chinesische Gesellschaft jetzt ihren Weg finden und gesellschaftliche und kulturelle Aufgaben in Angriff nehmen. Der polnische Soziologe Sztompka (1993) hat nach dem Zusammenbruch des Kommunismus in den mittel- und osteuropäischen Ländern eine Analyse notwendiger Neuorientierungen beschrieben, die im Großen und Ganzen auch für China Gültigkeit beanspruchen kann. Postrevolutionäre Gesellschaften, so der Autor, brauchen eine geistige, kulturelle und zivilisatorische Umformung. Die von ihm postulierte Neuentwicklung zivilisatorischer Kompetenz umfasst verschiedene Bereiche: eine Unternehmenskultur, eine Bürgerkultur mit politischem Engagement – also Partizipationsbereitschaft im öffentlichen Raum –, eine Diskurskultur mit freiem intellektuellem Austausch, Toleranz und Offenheit sowie eine Alltagskultur (ebd., S. 88f.). China befindet sich derzeit in diesem Umformungsprozess. Nach 30 Jahren Sozialismus maoistischer Prägung hat die Reformpolitik seit 1978 zu einer tief greifenden Veränderung der gesellschaftlichen Struktur geführt. In kurzer Zeit hat sich China von einem maoistisch-kommunistischen Staat zu einem Land mit enormen Einkommensunterschieden entwickelt. Im Jahr 2007 betrug der Gini-Koeffizient, der Indikator für die Ungleichheit der Einkommensverteilung, für China 46,9 und hat damit die USA, die bei 46,6 liegen, überrundet (zum Vergleich: Deutschland 28,3). Die aufgeheizte Konjunktur hat eine neue Schicht hervorgebracht, die Neureichen, die mit ihrem Luxus protzen und sich als Teil einer neuen Elite verstehen. Sie und ihre Familienangehörigen sind die Nutznießer dieses Prozesses der Umwandlung von der Plan- in die (staatlich kontrollierte) Marktwirtschaft. Viele haben sich mittels Korruption oder Unterschlagung bei der Privatisierung der ehemals staatseigenen Betriebe bereichert und Macht akkumuliert. Sie sind ungebildet aber schlau, unbeliebt, gelten als arrogant, zeigen wenig soziale Verantwortung und fordern gebieterisch Privilegien (He 2000; 2006, S. 252f.). Ein Beispiel aus der klinischen Arbeit soll das illustrieren:

Ein Vater, der seine Tochter in die Klinikambulanz brachte, war überzeugt, er könne die Heilung seiner an Magersucht erkrankten Tochter durch Geld erkaufen, das er in immer höheren Summen anbot.

Eine solide Mittelschicht als Puffer zwischen Reichen und Armen entwickelt sich erst langsam. Ihr Interesse an gesellschaftlichen Problemen ist gering. Die einst die Gesellschaft anführenden Arbeiter und Bauern sind marginalisiert, die Arbeitslosigkeit ist hoch und die derzeitige globale Finanzkrise spitzt die verzweifelte Situation der in die Dörfer heimgekehrten Wanderarbeiter, die keinerlei soziale Absicherung haben, weiter zu. 75% der kriminellen Taten werden von Wanderarbeitern begangen, die vom Land in die Städte kommen (He 2006, S. 300).

Derzeit ist es schwer, in China von einer kulturellen Identität zu sprechen. Das Scheitern an der Utopie einer sozialistischen Gesellschaftsordnung, die große Opfer nicht nur an Menschenleben, sondern auch an kulturellen Gütern und ethischen Idealen gekostet hat, wirft dunkle Schatten, mit denen der Staat, die Gesellschaft, aber auch viele Familien weiter kämpfen – bewusst oder unbewusst. Letztlich wird die Vergangenheit verleugnet. In den Fernsehprogrammen werden in Seifenopern und Melodramen alte Dynastien wiederbelebt – oder Mao wird als Gründer der Volksrepublik heroisiert. Seine großen Statuen beherrschen weiter die Städte und seine Fotos die öffentlichen Innenräume. Über seinen Untaten liegt ein dichter Schleier. Erstaunt nahm die Welt jedoch zur Kenntnis, dass er bei der aufwendigen Eröffnungszeremonie der olympischen Spiele 2008 keine Rolle spielte.

Das Gefühl, gedemütigt worden zu sein, ist ein grundlegendes Element bei der Herausbildung einer modernen Identität Chinas (Hernig 2010). Im Jahr 2001 sollte vom Nationalen Volkskongress ein Gesetz zur Einführung eines »National Humiliation Day« verabschiedet werden, für den als Datum unter anderem der 18. September vorgesehen war. Dies war der Tag, an dem Japan 1931 in die Mandschurei einmarschiert war. Es kam aber nicht zu einer Einigung, weil es zu viele Vorschläge für demütigende Ereignisse gab (Schnell 2008). Die Opiumkriege und die Besetzungen durch die Europäer im 19. Jahrhundert, die Ungerechtigkeit des Versailler Vertrags von 1919 und der desaströse Krieg gegen Japan hatten zu einer – insbesondere auch von den Intellektuellen getragenen – Begeisterung für die Gründung der Volksrepublik geführt. Sie sollte der Wiederherstellung auch des nationalen Stolzes dienen. Damals, 1949, hatte Mao Zedong erklärt: »Wir werden nicht länger eine Nation sein, die Beleidigungen und Demütigungen ausgesetzt ist. Wir […] sind auferstanden« (ebd., S. 31; Übers. A.H.). Dass dann Maos fataler Angriff auf die eigene Kultur und Geschichte mit dem Ziel einer neuen, revolutionären chinesischen Identität fehlschlug und für das Land zu einem großen Trauma wurde, muss als Chinas große Tragödie angesehen werden.

Während der ersten 30 Jahre nach ihrer Gründung 1949 hatte sich die Volksrepublik abgeschottet. Nun wird sie seit den 80er Jahren des 20. Jahrhunderts im Zuge der Öffnung des Marktes von westlichen Einflüssen überflutet:

Dem Besucher präsentiert sich ein buntes Durcheinander: Die Silhouetten der Millionenstädte sind von denen amerikanischer Metropolen kaum zu unterscheiden. Nur bei genauerem Hinsehen entdeckt man auf manchen Dächern kleine angedeutete pagoden- oder tempelähnliche Aufbauten als Zitate des alten China. Die schönen alten Wohnviertel, die Hutongs mit den typischen Innenhöfen, werden abgerissen, um modernen Glas-Beton-Hochhäusern Platz zu machen. In den Schaufenstern stehen blonde Pin-up-Girls in kopierter westlicher Designermode. In der Tageszeitung *China Daily* konnte ich lesen, dass die jungen Mädchen sich von ihrem Neujahrsgeld die Lidfalten operativ »verwestlichen« lassen.

Die Kunden der großen Kaufhäuser werden ganzjährig von Weihnachtsliedern berieselt und ab Herbst werden die Einkaufszentren mit schneebedeckten Christbäumen oder schlittenfahrenden Weihnachtmännern dekoriert. Insbesondere junge Menschen kaufen dann Geschenke und tauschen Grußkarten aus. Das große Fest des Schenkens, das chinesische Neujahrsfest, hat – zumindest in kommerzieller Hinsicht – insbesondere für die Jungen, die sich an westlichen Gebräuchen orientieren, an Bedeutung verloren (Kang 2000). Dabei geht es mehr um eine Infiltration westlichen Konsumverhaltens als um eine spirituelle Öffnung zu christlichem Brauchtum.

China scheint derzeit den Westen aufzusaugen, was zu einer naiv anmutenden Mixtur west-östlicher Topoi führt, die nicht selten verwundert. In einer Satellitenstadt Shanghais begegnet man der Kopie des in Weimar beheimateten Schiller-Goethe-Denkmals und kleine Eiffeltürme bewachen neben Pandabären Vergnügungsparks. Es stellt sich die Frage, ob der Drang, es mit dem Westen aufzunehmen bzw. ihn zu kopieren, nicht auch dafür Ausdruck ist, dass das eigene kulturelle Gedächtnis im 20. Jahrhundert erheblich gestört worden ist. In der chinesischen Postmoderne werden heute Mao-Memorabilien ebenso an Touristen verkauft wie Massenreproduktionen von Vasen aus längst vergangenen Dynastien. In jeder Großstadt gibt es Märkte mit Raubkopien westlicher Luxusgüter zu Spottpreisen, die sich trotz verschärfter Kontrollen bei Einheimischen und Fremden großer Beliebtheit erfreuen. Das Nachgemachte irritiert, der Besucher aus dem Westen trifft nur noch selten auf Authentisches, Originäres.

Aber dennoch kann er es finden: So, wenn sein Weg ihn dann mehr zufällig in eine Markthalle führt, in der bunte Fische und Heuschrecken in unterschiedlichen Größen und Farben in kostbar anmutenden Gefäßen zum Kauf angeboten werden und Trauben von Männern sich aufgeregt über miteinander kämpfende Grillen beugen. Oder in die Parks, diese chinesischen Mikrokosmen, wo man Zuschauer verschiedener Schaustücke wird, die sich auf vielen kleinen Bühnen abspielen: Eine grell geschminkte Sängerin wird von einem abgerissen wirkenden Akkordeonspieler zu herzzerreißend gesungenen Arien aus chinesischen Opern, aber auch aus *Tosca* und *La Traviata* begleitet. Liebespaare füttern rotgoldene Karpfen, Väter zeigen ihren kleinen Söhnen, wie sie mit ferngelenkten Spielzeugautos hantieren sollen, ein dreijähriges herausgeputztes Mädchen kommt auf mich zugelaufen und ruft immer wieder stolz: »How do you do?« Studenten fragen höflich nach, ob sie sich ein wenig auf Englisch unterhalten dürfen. In den Schatten der Laubengänge sitzen zahnlose alte Männer und spielen auf ihrer Erhu, einem traditionellen chinesischen Streichinstrument mit zwei Saiten, andere sind in ihr Mah-Jongg- oder Schachspiel vertieft. Vogelkäfige hängen in den Bäumen. Frauen und Männer reiben ihre Körper an Baumstämmen, um sich die Kraft der Natur einzuverleiben. Paare tanzen zu Musik aus einem kleinen Kofferradio Foxtrott und Walzer – und immer wieder begegnet man Menschen, die stoisch ihre Runden mit dem Rücken nach vorn laufen. Inmitten der hypermodernen Häuserschluchten sind diese Parks, so scheint es, Residuen chinesischer Alltagskultur, die Gäste aus der Fremde entzücken.

Die Verwestlichung Chinas wird auch im Land selbst kontrovers diskutiert. Einerseits wird in ihr eine unverzichtbare Bedingung des Wiederaufbaus gesehen, andererseits wird vor dem Verschwinden der eigenen Kultur gewarnt. Letztlich ist dieses eklektische Nebeneinander aber auch Ausdruck des chinesischen Pragmatismus, der Veränderung, Beweglichkeit und Vielpoligkeit im Leben für essenziell hält (Siemons 2008).

Die jungen Menschen sind kaum an Politik oder Geschichte interessiert, es gibt wenig intellektuelle Vorbilder. Viele kritische Geister, Literaten oder Filmemacher sind emigriert. Gleichwohl sind die jungen Chinesen stolz auf ihr Land, das jetzt insbesondere in den Städten einen großen Aufschwung erlebt und dies der Welt auch demonstriert. Sie werden früh zu Patrioten erzogen.

> Wenn ich morgens in die Ambulanz ging, kam ich an einer Schule vorbei. Die Kinder standen wie kleine Soldaten in Reih und Glied auf dem Schulhof, während aus einem krächzenden Lautsprecher die Nationalhymne ertönte und die Flagge gehisst wurde. Dann begann die Gymnastik.

Die großen kritischen Fragen an die Chinesen wie die nach Menschenrechten, Umweltverschmutzung oder der Ein-Kind-Politik werden mit einem freundlichen Achselzucken quittiert. Jetzt wird auf Führerschein und Auto gespart, das als Statussymbol innerhalb kurzer Zeit das Fahrrad abgelöst hat. Computer und Mobiltelefone, Videokameras und Fotoapparate sind immer auf dem neuesten Stand. Wohnungen in den großen Städten haben binnen weniger Jahre ihren Wert vervielfacht und auch weniger Wohlhabende spekulieren mit Immobilien oder Aktien. Der Blick aus der Hochbahn fällt auf ganze Häuserblocks, die unbewohnt sind und ausschließlich als Spekulationsobjekte dienen.

Auf westliche Besucher wirken das Spiel mit dem Geld und die unverhohlene Konsumfreude, die nach vielen entbehrungsvollen Jahren verständlich ist, auch befremdlich. So habe ich zum Beispiel erlebt, dass sich ein Arzt während eines Patientengespräches per Handy über die aktuellen Aktienkurse informierte. Insbesondere bei uns Deutschen werden Erinnerungen an das Wirtschaftwunder wach, Ausdruck einer maniformen Abwehr eines historischen Traumas und einer »Unfähigkeit zu trauern«. Auch uns Deutschen ist es nach dem opferreichen, selbst verschuldeten Zweiten Weltkrieges schwergefallen, uns mit unserem Land und seiner Geschichte zu identifizieren. Wir erlebten eine Amerikanisierung, eine unkritische Idealisierung des amerikanischen Lebensstils, gar nicht unähnlich der »McDonaldisierung« und »Cocacolonisierung«, die seit dem Ende des 20. Jahrhunderts China überflutet.

In China geht es ebenfalls darum, das darniederliegende Nationalgefühl nach einer historischen Katastrophe wieder aufzurichten. Die nationale Empfindlichkeit, das kollektive Schamgefühl, das abgewehrt werden muss, ist groß und die Resistenz gegen Belehrungen aus dem Westen verständlich. In Erkenntnis des Elends, das Mao Zedong über das Land gebracht hat, bedeutet in der Rückschau die Idealisierung seiner Person und die Tatsache, dass das Volk ihm bedingungslos gefolgt ist, einen Gesichtsverlust. In therapeutischen Gesprächen mit jungen Erwachsenen war es meistens sehr schwer, Informationen über die Schicksale ihrer Eltern und Großeltern während der jungen Volksrepublik zu bekommen, seien sie politische Aktivisten oder Opfer gewesen. Die meisten Eltern haben über ihr Leben unter Mao nicht berichtet – und die Kinder haben auch nicht gefragt, sie spürten das Tabu. Das schafft einen Spalt zwischen den Generationen, der umso bemerkenswerter ist, als die zwischenmenschlichen Grenzen gemeinhin wenig ausgeprägt sind und es auch sonst kaum Geheimnisse gibt, anders als bei uns in der westlichen, individualisierten Gesellschaft (vgl. Kapitel 1.1). Diese Spaltung und Unklarheit über das Schicksal der Familie in der Vergangenheit bringt die junge Generation auch in Identifikationsnöte. So ist es kaum verwunderlich, dass aus dem Westen, aus Filmen und Fernsehsendungen oder dem Internet, Vorbilder entliehen werden.

Die Schwierigkeit, sich Problemen zu stellen, oder auch nur, solche anzuerkennen, bezieht sich aber auch auf die Gegenwart. So gibt es kaum ein öffentliches Eingeständnis von Irrtümern oder Fehlern, weil ein solches einen Gesichtsverlust bedeuten würde. Dass im Jahr 2008 – wie vieles andere vorher – der Skandal um die Milch für die Säuglingsnahrung monatelang unter Inkaufnahme erheblicher Opfer verheimlicht wurde, ist der alten nationalen Angst vor Beschämung anzurechnen, wenn auch nicht zu verzeihen. Auch nationale Schicksalsschläge wurden und werden der Zensur unterworfen.

Es gibt aber auch Veränderung: Die ausführlichen Berichte über das Erdbeben von Sezuan im Vorfeld der Olympischen Spiele, die in die ganze Welt ausgestrahlt wurden, waren eine mediale Sensation.[3]

3.1 Die neue Familie

Die chinesische Großfamilie als Kern der Gesellschaft, um den sich das soziale Umfeld formiert, verändert sich schnell und einschneidend. Wie bereits seit Jahrtausenden gehören kindliche Treue, Verantwortung und Verpflichtung den älteren Generationen gegenüber zum unverbrüchlichen konfuzianischen Erbe. Die chinesische Familie funktioniert bis heute nach dem »Feedback-Modell«: Die älteren Generationen sind verantwortlich für die nächsten bis sie alt und bedürftig werden, dann kehrt sich die Verpflichtung um und die Alten können auf die Versorgung durch die Jungen rechnen. Dies

3 Dieses wird allerdings dadurch relativiert, dass über die Zahl der Schulkinder, die unter den Trümmern ihrer mangelhaft von korrupten Kadern erbauten Schulen ihr Leben lassen mussten, geschwiegen wird.

muss neben den kulturell verwurzelten Gründen sicher zunehmend mehr im Zusammenhang mit der – besonders nach Aufgabe der Danweis im Zuge der Privatisierung von Betrieben – weitgehend unzureichenden Altersversorgung gesehen werden. In westlichen Ländern ist das anders. Hier dominiert das »kontinuierlich-lineare Modell«: Die Eltern versorgen ihre Kinder, die später dann ihre eigenen Kinder versorgen. Die alte Generation wird durch die, durch Sozialgesetze garantierte Rente finanziert, es besteht also kein Anspruch der alten Eltern an die Kinder (Fei zit. n. Zeng 1991). In China zeichnet sich jetzt eine enorme demografische Veränderung in Richtung einer Verkleinerung der Haushalte bei gleichzeitiger Vergrößerung des Wohnraums ab. Trotz der großen ökonomischen und sozialen Veränderungen im Land zeigen chinesische Adoleszente im Vergleich zu Amerikanern (noch?) einen ausgeprägten Familiensinn, respektieren die Familie und unterstützen sie. Insbesondere gilt dies für junge Frauen allgemein und für junge Männer, die auf dem Land leben. In den Städten, so scheint es, lockert sich das Verpflichtungsgefühl männlicher Adoleszenter ihren Familienangehörigen gegenüber (Fuligni/Zhang 2004). Hinsichtlich der Frage, inwieweit die wirtschaftlichen Veränderungen die traditionellen familiären Verbindlichkeiten verändert haben, muss auf zukünftige Untersuchungen verwiesen werden.

Üblicherweise verlassen die Kinder die Eltern erst, wenn sie heiraten, also wenn sie Mitte oder Ende 20 sind. Oft bedeutet jedoch auch eine Heirat keine Trennung von den Eltern, und wenn, meist nur bis zur Geburt des Kindes. Meist zieht in diesem Fall eine der Großmütter in die Wohnung der jungen Familie und ist für das Enkelkind zuständig. Sie lässt dann unter Umständen ihren eigenen Ehemann allein zu Hause zurück. Dies ist in Anbetracht der frühen Berentung der Frauen mit 55 Jahren auch gut möglich. So leben viele Ehepaare in ihren 50ern von den Partnern getrennt, manchmal Hunderte von Kilometern. Sie ziehen wieder zusammen, wenn die Kinder im Alter von drei Jahren in einen Kindergarten oder siebenjährig in die Schule kommen, generell in eine Ganztagsschule mit Unterricht bis 17 Uhr.

Für die Eltern ist es schwer, die jetzt neu zu beobachtenden, zunehmenden Selbstständigkeitswünsche der jung verheirateten Kinder zu akzeptieren. Sie helfen ihnen, die Eigentumswohnungen zu finanzieren, in die sie aber nicht auf Dauer mit einziehen sollen. Immer mehr junge Familien möchten unabhängig leben, bleiben aber doch auf das Geld der älteren Generation und ihre Hilfe bei der Erziehung des Kindes angewiesen. Dies schafft aufseiten der jungen Generation Schuldgefühle, die die Beziehungen belasten. Die jetzige Generation der jungen, insbesondere der städtischen Paare ist die erste in der Geschichte Chinas, die in einer Marktwirtschaft aufwächst. Sie erleben die kulturelle Globalisierung, die mit kulturfremder Individualisierung einhergeht. Die nicht hinterfragte Akzeptanz traditioneller Vorstellungen von Eltern und Großeltern, die das chinesische Familienleben bislang geprägt hat, scheint sich in Richtung einer westlichen Orientierung zu verändern und es sieht so aus, als stießen gelegentlich in den Familien Welten aufeinander. Die Befreiung aus den Zwängen, die die althergebrachten Familienvorstellungen den modernen jungen Erwachsenen abverlangen, führt oft zu erheblichen Konflikten und zur Entfremdung zwischen den Generationen. Die Klage der Eltern über die Selbstsüchtigkeit ihrer Kinder ist neu und nicht zu überhören.

Dennoch: Inwieweit diese »Individualisierung« eine vordergründige Imitation westlichen Lebensstils ist, oder ob mit ihr ein grundlegender Kultur- und Wertewandel verbunden ist, ist eine Frage, die erst nach Generationen beantwortet werden kann. Vonseiten der Regierung zumindest wird eine Wiederbelebung konfuzianischer Werte angestrebt (Bell 2009).

Traditionelle Erziehungsstile ändern sich jedoch langsam. Mütter können kaum dazu gebracht werden, ihre Kinder anders aufzuziehen, als sie selbst aufgezogen worden sind, weil einmal erworbene kulturspezifische Eigenheiten einer Art Wiederholungszwang unterliegen, der über die Generationen hinweg wirkt (Parin 1976, S. 4). Das soll folgendes Beispiel illustrieren:

> Bei meinen Gesprächen mit jungen Frauen erfuhr ich, dass sich bis heute auch moderne junge Wöchnerinnen aller Gesellschaftsschichten dem strengen von den Müttern überwachten Ritual des *zuo yuezi* (»den Monat absitzen«) fügen: Nach der Geburt gilt die Frau als unrein und wird isoliert. Nur von Ehemann und Mutter versorgt, darf sie einen Monat lang keinen Besuch empfangen. Sie muss eine halb liegende Stellung einnehmen, darf sich nicht waschen und keine kalte Nahrung zu sich nehmen. Sie darf auch nicht lesen, weil das den Augen schaden könne. Wöchnerin und Neugeborenes werden als besonders gefährdet und anfällig angesehen und müssen geschützt werden, was für manche junge Frauen eine harte Probe darstellt, gegen die sie aber kaum Widerstand leisten, es sei denn, sie begehen heimlich, zum Beispiel wenn die Mutter gerade nicht anwesend ist, kleine Regelwidrigkeiten (vgl. Leutner 1989).

Die dramatischste Veränderung der Familie wurde 1979 durch die *Ein-Kind-Politik* eingeläutet, die insbesondere die städtischen jungen Paare betrifft. Ausnahmen gelten für Eltern, die selbst Einzelkinder sind, für Angehörige von ethnischen Minderheiten oder Landbewohnern. Bis dahin war China eine Gesellschaft, die traditionell auf viele Kinder großen Wert legte, insbesondere auf Söhne (vgl. Kapitel 1.2.4). Sie waren die Garanten sowohl für Fortbestand und Tradition als auch, wie bereits beschrieben, für die Versorgung der älteren Generationen. Auch das Ansehen der Frauen war von der Zahl der Kinder – und auch hier besonders der Söhne – abhängig. Für die unterschiedlichen Positionen in der Geschwisterreihe gibt es unterschiedliche Bezeichnungen und Funktionen, so für den älteren oder jüngeren Bruder (z.B. Didi = jüngerer Bruder) oder entsprechend für die Schwestern (Meimei = ältere Schwester), die definieren, in welcher Beziehung die Kinder zueinander stehen und welche Rollen sie innerhalb der Familie einnehmen. Diese Begriffe werden zukünftig leblos.

Im Jahr 1970 hatte jede Frau noch fast sechs Kinder, im Jahr 2004 waren es durchschnittlich 1,7 (Hesketh et al. 2005). In den Städten dominiert das Einzelkind, das zukünftig die alleinige Verantwortung für Eltern und Großeltern zu tragen hat. Dieser Aspekt wird in Kapitel 4.4 noch ausführlicher behandelt. Es ist mir wichtig, zu betonen, dass sowohl die ökonomische Umstrukturierung als auch die Einführung der Ein-Kind-Familie eine forcierte Individualisierung in die Wege leiten. Es werden Traditionen umgestoßen, die möglicherweise nicht nur zu einer emotionalen Überforderung der Kinder, sondern auch der älteren Generationen führt. Die für das Kind entstehenden Einsamkeiten müssen dann durch die Peergroups in den Kindergärten und Schulen aufgefangen werden. In diesen Gruppen müssen die Kinder sich – ohne den Schutz von Geschwistern – von klein auf gegen Konkurrenz und Rivalität, die auch die ehrgeizigen Eltern einschließen, behaupten. Wenn sich früher die Erwartungen der Familie auf mehrere Kinder verteilten, so liegen diese nun auf den Schultern des einzigen Kindes, es trägt die Verantwortung für das zukünftige Ansehen der gesamten Familie, mütterliche und väterliche Großeltern eingeschlossen. Von klein auf wird viel in diese »kleinen Kaiser und Kaiserinnen« investiert: Sie bekommen Fremdsprachen-, Mathematik-, Musik- und Ballettunterricht, lernen Kalligrafie und Schachspielen und/oder werden sportlich trainiert. Dies beansprucht nicht nur einen großen Teil des Einkommens, sondern auch der Freizeit der Eltern, die die Kinder an den

Wochenenden zu ihren Kursen begleiten. Die hohen Erwartungen der Eltern führen einerseits zu überbeschützendem, verwöhnendem Verhalten, andererseits zu Ablehnung und Kritik, wenn das Kind nicht die Leistungen zeigt, die gewünscht werden. Sie kontrollieren die Kinder, lesen in ihren Tagebüchern und Briefen, organisieren die spärliche Freizeit und den Umgang mit anderen nach ihren Vorstellungen. In diesem Spagat widersprüchlicher Botschaften ist es kein Wunder, wenn die überforderten Kinder sich mit ihren Problemen nicht an die Eltern wenden, sondern diese mit sich allein ausmachen, es sei denn, sie wenden sich jetzt aggressiv gegen die Eltern, wie immer häufiger berichtet wird. Meist fühlen sie sich einsam oder verweigern sich, auch, weil sie sich schämen, wenn sie den elterlichen Erwartungen nicht gerecht werden können. Die Ergebnisse psychologischer Untersuchungen von Schülern sind alarmierend: Viele haben Probleme in den zwischenmenschlichen Beziehungen. Versagensängste, Suizidgedanken und Übergewicht sind häufig (Sun H. 2006).

In knapp 100 Jahren hat sich das Wertesystem der Generationen in China so verändert, dass die Unterschiede ihrer jeweiligen Sozialisationsmuster kaum größer sein können: Wir erleben jetzt die als Einzelkinder aufwachsende dritte Generation in einer markt- und wettbewerbsorientierten, pluralistischen Gesellschaft. Die Eltern dieser Kinder, die zweite Generation, konnten nur überleben, wenn sie sich den Forderungen eines totalitären und egalitären Sozialismus unterwarfen. Dieser aber bedeutete für die erste Generation, die vorrevolutionären, traditionell konfuzianisch aufgewachsenen Großeltern einen gleichermaßen tief gehenden Bruch in ihrem gesellschaftlichen und kulturellen Selbstverständnis.

3.2 Lebensgeschichten im modernen China: Die jungen Erwachsenen

Im Folgenden soll illustriert werden, wie sich Biografien und wichtige Entwicklungsschritte in der oben grob skizzierten Übergangsgesellschaft Chinas abbilden. Zugrunde gelegt werden Lebensgeschichten junger Ärzte und Psychologen, die ich über Jahre hinweg begleitet habe, aber auch die von Patienten einer psychotherapeutischen Ambulanz, über die mir berichtet wurde oder die ich selbst untersucht habe. Die hier beschriebenen Protagonisten bilden natürlich nur einen kleinen Ausschnitt der chinesischen Gesellschaft. Sie gehören weitgehend der sich in China noch konstituierenden Mittelschicht an. Die meisten wurden in den 1970er Jahren geboren. So repräsentieren sie – jetzt junge Erwachsene – die Generation zwischen Maoismus und Marktwirtschaft, zwischen Egalitarismus und Pluralismus, zwischen Kollektivismus und Individualisierung.

Aus Diskretionsgründen werden Einzelheiten, die zur Identifizierung der jeweiligen Individuen führen könnten, verfremdet, ohne dass das Grundsätzliche davon berührt würde.

3.2.1 Kindheit und Jugend im Schatten der Kulturrevolution

Die von ihren Eltern ausgesuchten Namen meiner Gesprächspartner hatten ein sehr unterschiedliches Flair. Manche waren traditionell, auch poetisch: »Blauer Himmel«, »Frühlingshoffnung«, »Jadegrün«, »Sonnenuntergang«, »Fliegende Wolke«. Andere hatten politische Anklänge: »Langer Marsch«, »Gute Regierung«, »Die Rote«. Es gab aber auch ganz pragmatische Namensgebungen wie »Der kleine Vierte«, auf die Position in der Geschwisterreihe hinweisend. Ein junger Arzt, 1978 als Sohn eines Bauern geboren, hieß programmatisch »Hoffnung auf viel Geld«.

Nur wenigen war es vergönnt, in einer stabilen, Geborgenheit gebenden Situation aufzuwachsen.

Die 1973 geborene Frau Y. berichtet, dass ihre Mutter, eine Volksschullehrerin, 56 Tage nach ihrer Geburt wieder habe arbeiten müssen. Der Vater sei als Universitätsabsolvent in eine entfernte Provinz zur Umerziehung durch Landarbeit geschickt worden. Da die Schule der Mutter von der Wohnung nur einige Minuten entfernt gewesen sei, habe sie den Säugling sich selbst überlassen und sei nur in den Pausen zum Stillen gekommen. Als sie sechs Monate alt gewesen sei, habe sich eine alte Frau aus der Nachbarschaft um sie gekümmert.

Frau W., 1970 geboren, wuchs als jüngstes Kind armer Reisbauern in einer südlichen Provinz auf. Beide Eltern mussten auf den Feldern arbeiten, die Geschwister waren in der Schule. Die zentrale Erinnerung an ihre Kindheit ist die: »Ich sitze auf einem kleinen Schemel vor der Tür unseres Hauses, das allein am Rande des Dorfes liegt. Ich sitze dort, bin ganz allein und warte, dass irgendjemand die Straße entlangkommt. Ab und zu war das so, und dann sah ich ihm sehnsüchtig nach, bis er am Horizont verschwand.«

Die meisten meiner Gesprächspartner wurden von den Großeltern oder anderen Verwandten aufgezogen, oft wurden sie hin und her geschoben. Die Eltern waren häufig zur Landarbeit oder ins Arbeitslager abkommandiert worden. Auch wenn die Versorgung der chinesischen Kinder sehr viel häufiger als in westlichen Familien von den Großfamilien übernommen wird, haben doch viele über entbehrungsvolle und einsame Kindheiten berichtet. So gab es zum Beispiel Rivalitäten mit den Vettern und Cousinen, den »richtigen« Kindern, deren Mütter oder Väter nicht verschickt worden waren. Diese wurden dann vorgezogen, insbesondere, wenn es sich um arme Familien handelte und Nahrung und Kleidung knapp waren. Manchmal seien die Großeltern streng gewesen und das Heimweh nach den Eltern war groß.

Frau X., 1968 geboren, wurde, nachdem die Mutter als Rechtsabweichlerin in einen »Kuhstall« kommandiert worden war, mit ihrem Bruder bei einer Tante untergebracht, die selbst vier Kinder hatte. Bei den Mahlzeiten durften Frau X. und ihr Bruder nicht an einem Tisch mit der Verwandtschaft essen, weil ihre Mutter »Schande« über die Familie gebracht hätte. Wenn der Vater zu Besuch kam, wurden die Kinder, die sonst nur notdürftig mit alten, ungenügenden Kleidern versehen worden waren, herausgeputzt, sodass er nichts bemerkt habe.

Herr Z., 1971 geboren, berichtet: »Ich bin mit meinem Bruder bei der Großmutter väterlicherseits aufgewachsen, die Eltern arbeiteten in einer Stadt, die zwei Tage per Zug entfernt war. Sie kamen gelegentlich auf Besuch, aber ich hatte kein Zugehörigkeitsgefühl zu ihnen und erinnere mich kaum daran. Die Großmutter war die wichtigste Person für mich, aber sie war sehr streng. Der Großvater war schon gestorben, und auch mein Vater starb während der Kulturrevolution, als ich drei Jahre alt war, ich weiß nicht warum. Immer wenn ich nicht artig war, schlug die Großmutter mich mit einem Handtuch, manchmal wusste ich gar nicht, wieso dies geschah … ich hatte Angst vor ihr.«

Liebesheiraten in der Elterngeneration waren eher selten. Meistens waren die Ehen arrangiert worden, sodass es zu sehr ungleichen Verbindungen kam. So waren sie oft bezüglich des Bildungshorizontes asymmetrisch. Frauen und Männer aus dem Bürgertum konnten sich durch Heirat mit Arbeitern oder Bauern vor Repressalien schützen. Oft hatten sie auch keine Alternative, weil die Ehen von den Arbeitseinheiten beschlossen wurden. Solange die Paare nicht zusammenlebten und revolutionäre Begeisterung sie verband, waren die Probleme noch nicht spürbar. Nach 1976 waren die Klassen- und insbesondere die Bildungsunterschiede dann aber oft schwer zu überwinden, sodass es in vielen Familien zu Streitereien kam, denen die Kinder dann hilflos und verständnislos ausgesetzt waren.

Der Vater von Frau X., 1976 geboren, Fabrikbesitzer, heiratete eine arme, ungebildete Frau, die er nicht liebte. Sie wurde von der Familie des Vaters nie respektiert und war häufig krank. Der Vater schimpfte dann und schlug sie auch oft vor den Augen der Kinder. Sie war aber von ihm abhängig und konnte sich nicht wehren. Frau X. meinte: »Ich konnte sie auch nicht achten, obwohl sie mich liebte … Ich möchte nie von jemandem abhängig sein.« Das Einzige, was der Mutter in der Familie des Vaters zu einer gewissen Anerkennung verhalf, war, dass sie einen Sohn geboren hatte. Er wurde Frau X. vorgezogen.

Herr B. wurde 1977 als einziges Kind geboren. Er wirkt noch sehr kindlich, ist außerordentlich freundlich und hilfsbereit, allseits beliebt. Sein Vater hatte als Sohn armer Bauern die Möglichkeit, ein Universitätsstudium zu absolvieren. Die Mutter dagegen, aus einer reicheren Familie stammend, war Arbeiterin. Als Herr B. neun Jahre alt war, zogen die Eltern wegen besserer Verdienstmöglichkeiten in eine andere Stadt. Solange er denken könne, hätten die Eltern sich ständig gestritten. Er sei ein schüchternes Kind gewesen, erinnert sich jedoch, dass er ihnen einmal einen Brief geschrieben hat, in dem er drohte, sich umzubringen, wenn sie weiter streiten würden. Herr B. wurde zu einer Tante gegeben und wuchs mit einem älteren Vetter auf, der sich ständig über ihn lustig gemacht habe. Wegen seiner guten Schulnoten sei er von seinem Onkel jedoch gelobt und dem Vetter als Vorbild vorgehalten worden, der ihn nun noch mehr schikanierte.

Die Mutter habe ihm später einmal gesagt, dass sie seine Trennung von den Eltern für wichtig gehalten habe, weil sie gehofft habe, dass er dadurch

»stärker« werden würde. Er habe die Eltern aber sehr vermisst und nachts viel geweint. Jetzt lebt er bei ihnen, sie erfüllen ihm jeden Wunsch, aber er fühle sich ihnen gegenüber fremd. Der Vater habe sich in der Familie zurückgezogen, sehe fern und lese Zeitung, sei kaum erreichbar. Er selbst sehne sich nach einem Gespräch von »Mann zu Mann«, umso mehr, als er jetzt eine Freundin habe und ans Heiraten denke.

Er habe schon als Junge viele psychologische und psychoanalytische Bücher gelesen, deshalb wolle er als Therapeut berühmt werden. Er müsse immer der Beste sein. Er sagt jetzt, dass er auch mein bester Schüler sein wolle, und ist enttäuscht, weil er findet, dass ich ihn nicht genug lobe. Im Unterricht reagiert er auf vorsichtiges Infragestellen seiner Vorstellungen tief gekränkt.

Ein Gesprächspartner glaubt es auf den Punkt zu bringen, wenn er sagt, dass die Ehen der Generation seiner Eltern »low quality but high stability« hätten. Eine Scheidung war noch stigmatisierend – und zwar für die ganze Familie. Die Mütter wurden, wenn sie in der Gesellschaft als Frauen auch traditionell die schwächere Rolle einnahmen, in den Familien oft als tüchtiger und bestimmender von den Kindern erlebt. Nicht selten beschrieben meine Gesprächspartner ihre Väter als schwach, passiv, manchmal waren sie spielsüchtig oder tranken und kümmerten sich nicht genug um die Familie, in der sie gleichwohl den Anspruch erhoben, zu bestimmen. Die Frauen hatten, möglicherweise aufgrund ihrer traditionell stärker an die Familie gebundenen Funktionen, mehr Sicherheit. Ihre gesellschaftliche Rolle hat sich zwar unter Mao verbessert (vgl. Kapitel 2.3), sein Versprechen, dass ihnen die »Hälfte des Himmels« gehöre, ist in der Tradition Chinas, in der den Frauen bis in die 30er Jahre des letzten Jahrhunderts noch die Füße gebunden worden waren, nicht einfach einzulösen. Zu fest sind die alten Muster in der Generation der Eltern meiner Gesprächspartner verwurzelt, in der die Männer nur langsam und widerwillig auf ihre traditionell patriarchalische Rolle verzichten. Ein junger Arzt bezeichnete die Ehe seiner Eltern als »kalten Krieg«.

Es war keine Seltenheit, dass die Angehörigen der hier beschriebenen Generation als Jugendliche in einer spannungsgeladenen, verstummten familiären Welt aufwuchsen.

Viele unglückliche Mütter banden ihre Kinder, insbesondere die Söhne, eng an sich, um die emotionale Armut ihrer Ehen auszugleichen.

Herr J., 1971 geboren, berichtet, dass er als ältester Sohn und drittes Kind von Bauern geboren worden sei. Die Mutter sei sehr tüchtig gewesen, habe Haus und Hof unter ihrer Kontrolle gehabt. Die Ehe der Eltern sei schlecht gewesen, die Mutter habe dem Vater, der viel mit anderen Bauern getrunken habe, Faulheit vorgeworfen. Seine Beziehung zur Mutter sei sehr eng, sie sei aber sehr ehrgeizig mit ihm gewesen. So habe sie ihm verboten, Musik zu hören, was er so gern getan habe. Sie habe gemeint, dass dies seine Schulnoten schlecht beeinflussen könnte. Seine Versuche, sich zu wehren, blieben erfolglos. Heute sehe er, dass die Mutter ihn wie eine Puppe behandelt habe, dabei habe er doch ein »richtiger Junge« sein wollen. Letztlich sei er aber brav gewesen und habe gehorcht. Jetzt brauche er immer jemanden, der ihn anstoße. Er habe große Probleme, seine eigene Meinung zu sagen, fürchte, zurückgewiesen zu werden.

Möglicherweise ist dies einer der Gründe, weshalb die jungen Männer oft wenig initiativ sind und eher wenig intellektuelle Neugier zeigen. Dien (1992) glaubt, dass die traditionell besondere Bedeutung der Söhne für den Selbstwert der Mütter eine extreme Bindung an sie zur Folge habe. Diese führe zu lebenslanger Abhängigkeit und einer Hemmung der Entwicklung zu Selbstständigkeit und Aktivität. Vielen meiner männlichen Gesprächspartner war ihre Scheu, sich aktiv und verantwortungsbereit zu verhalten, als Problem bewusst. Die Schwierigkeit, diese Passivität zu überwinden, gehörte in meinen therapeutischen Gesprächen zu den am häufigsten vorgetragenen Klagen (vgl. auch Kapitel 4.3.4).

Die Eltern der in den 70er Jahren Geborenen gehören zur »Verlorenen Generation« (etwa zwischen 1945 und 1960 geboren): Sie konnten selten eine gute und kaum eine akademische Ausbildung genießen und mussten ihre Jugend der Revolution opfern. Viele taten dies auch begeistert und freiwillig. Dies hieß nicht nur für die Einzelnen, dass ursprünglich gedachte Lebensentwürfe nicht realisiert werden konnten, sondern auch, dass die gesellschaftlichen Strukturen zerstört wurden. So gab es keine gebildete Mittelschicht als Humus für eine revolutionsunabhängige kulturelle Entwicklung. Bei der von mir untersuchten Zielgruppe war es so kaum möglich, gesellschaftliche Schichten zu definieren, weil die Familien ganz unterschiedliche soziale und auch zivilisatorische Wurzeln hatten. Wie potenziell konfliktträchtig dies ist, habe ich schon angedeutet.

Gerade Eltern mit gescheiterten Lebensentwürfen, deren gesellschaftlicher

Status in der jungen Volksrepublik zerstört worden war, sahen in ihren Kindern die einzige Hoffnung, die Traditionslinien der Familien fortzusetzen und so – in Projektion ihrer eigenen Lebenswünsche auf die Kinder – doch das Gesicht der Familie wiederherzustellen. Es geht hier oft um eine narzisstische Funktionalisierung der Kinder, die weitverbreitet und in ihrer Tragik verständlich ist, für die psychische Entwicklung der Kinder jedoch als schwere Hypothek angesehen werden muss (vgl. das Fallbeispiel von Herrn H. in Kapitel 3.2.2). Das Interesse, das die Familien den Kindern, die ungleich bessere Chancen haben als sie je gehabt hatten, entgegenbringen, und der Druck, den sie oft auf sie ausüben, zielen häufig eher auf eine Restitution des eigenen Ansehens. Auf die Vorstellungen der Kinder, die als Generation des modernen China ein neues Selbstverständnis haben – oder um ein solches ringen –, wird keine Rücksicht genommen. Dieses Phänomen finden wir auch auf nationaler Ebene. Im *Spiegel* vom 23. März 2007 konnte man unter dem Titel »Der Sohn Maos« die traurige Lebensgeschichte des Basketballspielers Yao Ming lesen, eines 2,29 m großen Sportlers, der als einziger Chinese Mitglied einer US-amerikanischen Profimannschaft ist. Der Vater, 2,08 m groß und ebenfalls Basketballspieler, und die Mutter, eine 1,88 m groß gewachsene Maoistin, waren durch Kader zusammengeführt worden, um ein Kind zu zeugen. In einem Interview sagt Yao Ming: »Wenn ich versage, denken meine Landsleute, sie hätten auch versagt. Manchmal ist der Druck so groß, dass ich beim Freiwurf stehe und merke, wie sich mein Hals zuschnürt. Ich kann dann kaum noch atmen. Ich bin jetzt 26 und in meinem Leben geht es nur darum, Erwartungen zu erfüllen.«

Die Verbitterung der Elterngeneration kann unter Umständen auch dazu führen, dass die innere Verbindung zu den Kindern weitgehend zerstört wird. So können diese nicht einmal mehr eine die Eltern stabilisierende, narzisstische Funktion haben. Die Versuche der Kinder, Aufmerksamkeit und Anerkennung zu bekommen, laufen ins Leere oder werden zurückgewiesen. Dies kann zu allseitigem Verstummen – wenn nicht gar zu Hass führen. Dieser Konstellation liegt nicht nur die Traumatisierung zugrunde, sondern möglicherweise auch ein abgewehrter Neid der älteren auf die junge Generation, die jetzt ungleich bessere Lebensbedingungen und Freiheiten hat.

Die Mutter von Herrn W., der 1975 zur Welt kam, ist nach Enteignung ihres »kapitalistischen« Vaters mittellos und ohne Ausbildung. Ein ähnliches Schicksal hat der Vater erlitten. Beide werden Arbeiter. 1981 wird der Staatsbetrieb, in dem die Mutter tätig ist, aufgelöst und die Mutter wird arbeitslos. Sie bekommt keine Rente, verdient kein Geld, erlebt dies als Gesichtsverlust. Sie wird depressiv und bekommt ein Magenleiden.

Herr W. ist ein guter Schüler, erlebt aber nie, dass die Eltern sich an ihm freuen. Sie weisen ihn ständig auf seine Schwächen und Unzulänglichkeiten hin. Er fühlt sich auch von anderen zurückgewiesen – das Muster des Unverstandenen, Ungeliebten schleift sich im Wiederholungszwang ein.

Er erzählt einen Traum, den er schon häufig geträumt habe: »Ich bin über meine Mutter verärgert und wir streiten heftig. Ich nehme einen Stock, aber ich bin zu klein, um ihr Gesicht zu erreichen. Dann schlage ich kräftig zu.«

Zum Mondfest bringt er den Eltern Süßigkeiten mit. Sie weisen ihn zurück: Das sei reine Geldverschwendung.

In den therapeutischen Gesprächen kann Herr W. sehen, dass er selbst andere kontrolliert und abwertet, weil er ständig befürchtet, selbst verletzt zu werden. Er hat wenige Freunde.

Die Offenheit, mit der hier Wut und Verzweiflung ausgedrückt werden, ist selten. Meist sind diese Gefühle nicht kommunizierbar, weil die Loyalität den Eltern gegenüber aus langer Tradition heraus nicht infrage gestellt werden kann. Dies bedeutet auch, dass ihr Schweigen respektiert wird. Für die Nachkommen der »Verlorenen Generation« ist eine Identifizierung mit den Eltern schwierig, manchmal unmöglich. Sie ist aber ein zentraler psychischer Mechanismus, der die Generationen verknüpft (Bohleber 2008). Nach politischen Katastrophen gibt es besondere Probleme in den transgenerationalen Identifikationsprozessen. Dies trifft mit dem fehlenden gesellschaftlichen Diskurs über die historische Wahrheit zusammen. Bis heute schweigt die Kommunistische Partei Chinas zu den Ereignissen vor und während der Kulturrevolution. Sie reduziert ihr Resümee auf die »30 Prozent«, die unter Mao »negativ« gewesen seien, ohne sich darauf einzulassen, was denn so schlecht gewesen sei. So wird kein Raum geschaffen für ein empathisches Verstehen der traumatisierenden, historischen Realität. Die Opfer sind zum Schweigen verdammt, weil sie kein Verständnis erwarten können, und viele alte Täter haben heute Machtpositionen inne. Zwischen den Generationen herrschen narzisstische Bindungen vor. Die Kinder werden für die seelisch unverarbeitete Geschichte ihrer Eltern funktionalisiert. Dieses Phänomen ist weitverbreitet und liegt wie Blei auf der jüngeren Generation. Wie schon angedeutet, waren die meisten meiner Gesprächspartner über die Schicksale ihrer Großeltern und Eltern während des gewaltsamen gesellschaftlichen Umbruchs, der in die Kulturrevolution einmündete, nur wenig informiert. Ein Kollege meinte, sich rationalisierend auf die Tradition beziehend: »In China ist es nicht üblich, dass Kinder ihre Eltern fragen«, und viele wehrten meine Fragen auch einfach lapidar ab: »Wir interessieren uns weder für Politik noch Geschichte.« In der Tat scheint diese Ahistorizität ein besonderes Merkmal der jüngeren Generationen Chinas zu sein.

3.2.2 Ausbildung

Die Ausbildung der Kinder spielt für die chinesische Familie eine zentrale Rolle. Dies ist in einigen Fallgeschichten bereits deutlich geworden. Die Überbewertung schulischer Leistungen ist ein gesellschaftliches Phänomen, das wir auch in anderen asiatischen Ländern finden. Hochfrequente Prüfungen, in denen auswendig gelerntes Wissen abgefragt wird, das heutzutage für viele uninteressant ist, wie zum Beispiel die Theorie des Marxismus, begleiten die jungen Akademiker bis in die ersten Berufsjahre hinein. Ein ausgeklügeltes Prüfungssystem spielte in der chinesischen Kulturgeschichte seit vielen Jahrhunderten eine wichtige Rolle. Schon im 7. Jahrhundert mussten sich kaiserliche Beamte oder Personen, die öffentliche Ämter anstrebten, komplizierten Prüfungen unterziehen, die nur wenige bestanden. Die Erfolgreichen bildeten dann die Elite des Landes. 1905 wurden diese Beamtenprüfungen abgeschafft, wenngleich vieles weiter an sie erinnert. Eine große Klippe für die Jugendlichen ist die im Frühjahr (in den großen Städten zweimal jährlich) gleichzeitig in ganz China stattfindende Aufnahmeprüfung für die Hochschule, die *Gao Kao* (große Prüfung), bei der sogar die Arbeit auf den Baustellen unterbrochen wird, damit die Prüflinge ungestört sind. Die Durchfallquote beträgt etwa 50 Prozent, eine Wiederholung ist möglich. Die Anzahl der erworbenen Punkte entscheidet darüber, auf welcher Universität ein Studium begonnen werden kann. Ein Scheitern oder auch nur schlechtes Abschneiden bei diesen Examina ist für viele Familien gleichbedeutend mit einer Katastrophe. Auf den Aspekt der Restitution des familiären Status, insbesondere durch die Delegation unerfüllter Bildungswünsche der »Verlorenen Generation« an ihre Nachkommen, habe ich schon hingewiesen.

Eine gute Ausbildung trägt zum Ansehen der gesamten Familie bei – bzw. es kommt zu einem Gesichtsverlust, wenn sich der von der Familie erwartete Erfolg nicht einstellt oder die Kinder gar scheitern. Hier spielt neben dem Ansehen noch ein anderer wichtiger Gesichtspunkt eine große Rolle: die insbesondere in ländlichen Gebieten unzureichende oder fehlende Altersversorgung. So investieren viele Eltern und Großeltern all ihre Ersparnisse in die Schul- und Hochschulbildung ihrer Kinder in der Hoffnung, dass diese sie später besser unterhalten können. In der Tradition der absoluten Kindesloyalität gilt dies als selbstverständlich. In der Tat schickten die jungen Kollegen aus armen Familien, mit denen ich sprach, einen beträchtlichen Teil ihres Einkommens nach Hause.

Das folgende Beispiel beschreibt die existenzielle Bedeutung, die einer guten Ausbildung für die Kinder beigemessen wird – und den Preis, der manchmal bezahlt werden muss.

Herr H., 1980 geboren, berichtet, dass er von seinen Eltern, die in einem kleinen Dorf lebten, als ältester Sohn dazu angehalten wurde, ständig zu lernen. Wie er sagt, wollten die Eltern, dass er berühmt wird. Er habe sich nicht einmal an den alltäglichen Haushaltspflichten beteiligen müssen. Das Einzige, was die Eltern interessiert hätte, seien seine Schulnoten gewesen. Ansonsten kümmerten sie sich nicht um ihn. Er sei nie umarmt worden. Nur von seiner Großmutter, die ihn allen anderen Enkeln vorgezogen habe, habe er ein Lächeln bekommen. Da er kurz nach dem Tod eines Onkels geboren wurde, habe sie in ihm gleichsam den wiedergeborenen Sohn gesehen. Das Resultat seines Lernens ist für die Eltern gut, er ist während seiner gesamten Schulzeit Primus, entwickelt aber schon als Jugendlicher einen Waschzwang und eine schwere Hypochondrie. Die Eltern gehen mit ihm wiederholt ins Krankenhaus, es wird nie eine (körperliche!) Ursache gefunden, und er bekommt Schelte. Trotz seiner Probleme besucht er eine der ersten Universitäten des Landes. Seinem jüngeren Bruder wird er immer als leuchtendes Vorbild vorgehalten. Dieser verweigert sich kurz vor Beendigung der Oberschule und lehnt es ab, die Universitätsprüfung abzulegen. Er wird krank und psychiatrisch hospitalisiert. Er ist der Versager. In der Zeit, als ich mit Herrn H. spreche, es ist Mitte November, ertränkt sich der Bruder. Herr H. gerät in eine tiefe Krise, ist voller Schuldgefühle. Er versteht seinen Bruder, zu dem die Beziehung immer distanziert gewesen sei, jetzt. Er erkennt erschüttert seine und die Einsamkeit seiner Eltern, seiner Großmutter und seines Bruders. Er fliegt zu den Trauerfeierlichkeiten nach Hause und geht ans Meer, an die Stelle, wo der Bruder sich von einem Felsen herabgestürzt hat. Er hält lange Zwiesprache mit ihm und nimmt, wie er sagt, die Seele des Bruders aus dem kalten Meer mit sich in das Elternhaus. Er glaubt, dass er zu schwach sei für die Aufgabe, seine Familie zu retten.

Die Bewertung der Schulleistungen und später auch die Leistung an den weiterführenden Schulen erfolgt nach einem standardisierten Punktesystem, in dem spezifische Begabungen untergehen, wenn die Leistungen in bestimmten Fächern nicht so gut sind – es sei denn, die Kinder werden von vornherein auf Spezialschulen, zum Beispiel für Sport oder Musik, geschickt. Auf den allgemeinen Schulen gibt es kaum Förderprogramme. Unbegabte oder aus sonstigen Gründen weniger erfolgreiche Kinder werden als minderwertig betrachtet und haben kaum Chancen. Wenn mir während meiner Tätigkeit als Supervisorin Patienten vorgestellt wurden, so war eine der ersten Informationen, die ich bekam, ob diese in der Schule eine hohe oder niedrige Punktezahl erreicht hatten, so, als handele es sich um ein Persönlichkeitsmerkmal.

Der Anteil der Schulverweigerer, die von sorgenvollen Eltern in eine große psychiatrische Ambulanz geschickt wurden, schätzte die dort tätige Oberärztin auf 30 bis 40 Prozent aller überwiesenen jugendlichen Patienten. Auch für sie gibt es keine speziellen Förderprogramme. Der Abbruch des Schulbesuches – und nicht selten des Hochschulstudiums – werden schicksalsbestimmend, nicht nur für den Schüler oder den Studenten, sondern oft für die Familie, zumindest für ihr Ansehen.

Anscheinend überraschend bricht ein 22-jähriger Jurastudent, der in der Schule überragende Zeugnisse hatte, zum Entsetzen seiner Eltern sein Studium ab. Er hat sich völlig zurückgezogen und ist durch nichts zu bewegen, an die Universität zurückzukehren. Er hatte seinem jüngeren Bruder einen langen Brief geschrieben: Er könne nicht mehr weiter und bitte ihn, nicht auch noch die Eltern zu enttäuschen.

Er wird mir als Patient vorgestellt, ein sympathischer, differenziert wirkender junger Mann in gedrückter Stimmungslage, der mit mir in fließendem Englisch ins Gespräch kommt. Ich bin beeindruckt über das Vertrauen, das er mir schenkt. Als ich ihn schließlich nach den Gründen seines Entschlusses für den Studienabbruch frage, antwortet er, er habe einen zu hohen IQ (Intelligenzquotienten) und einen zu niedrigen EQ (Emotionsquotienten). Er könne keine tieferen Beziehungen zu anderen Menschen aufnehmen. So wolle er nicht leben. Er fühle sich einsam.

Auch viele Kollegen, die sich mir anvertrauen, berichten über Einsamkeit und andere emotionale Probleme. »Ich kann mich nicht in andere Menschen einfühlen«, »Ich habe eine dicke Mauer um mich herum gebaut, durch die ich nicht hindurch kann«, »Ich spüre die Schmerzen meiner Patienten nicht« waren exemplarische Aussagen.

Unter den Chinesen zwischen 15 und 34 Jahren ist *Suizid* die häufigste Todesursache. Die jährliche Suizidrate wird mit 23 pro 100.000 pro Jahr angegeben, eine erhebliche Dunkelziffer ist aber wahrscheinlich, weil Selbstmord in den Familien ein Tabu ist (Phillips et al. 2002). Neben jungen Frauen auf dem Lande mit ihrem niedrigen sozioökonomischen Status und dem geringen Ansehen in der Familie (Ji et al. 2001), sind es Schüler und Studenten, die ihrem Leben selbst ein Ende setzen, weil sie sich dem hohen Erwartungsdruck der Familie, aber auch ihren Beziehungsproblemen mit Gleichaltrigen nicht gewachsen fühlen. Trotz guter Leistungen in der Schule und auf der Universität fehlt ihnen doch oft eine soziale Kompetenz, die sie nicht entwickeln konnten, weil der Lerndruck zu groß war (vgl. Kolonko 2005; Fähnders/Lorenz 2006). Hinzu kommt die Perspektivlosigkeit auch der jungen Akademiker, nach Beendigung des Studiums eine angemessene Arbeit zu finden.

So berichtet Herr H. als er von der Trauerfeier seines Bruders zurückkommt: »In meinem Heimatdorf mit etwa 3.000 Einwohnern ist der Selbstmord meines Bruders der dritte Fall innerhalb von zwei Jahren. Im letzten Jahr starb ein Freund, der die beste Pekinger Universität besucht hatte. Er fand trotzdem keine Anstellung und die Eltern machten ihm Vorwürfe, weil sie so viel in ihn investiert hatten und nun erwarteten, etwas davon zurückzubekommen.«

Als Reaktion auf die zunehmenden Studentenselbstmorde wurden an den Hochschulen Hotlines und Beratungsstellen für psychisch Belastete eingerichtet, die aber immer noch viel zu selten genutzt werden, weil die Scham, sich Ohnmacht und Verzweiflung einzugestehen, (noch) zu groß ist (Fang 2007).

Die Nachkommen der »Verlorenen Generation« spüren oft schmerzlich die große Bedeutung, die ihre Leistungen und Erfolge für das Gesicht der Familie haben, und dass diese weitaus wichtiger sind als ihre Anschauungen und ihre Gefühle. Es kommt nicht selten vor, dass Eltern gegenüber der weiteren Familie oder Bekannten mit den Kindern protzen und übertreiben, um bewundert zu werden.

Frau W., 1971 geboren, berichtet: »Meine Eltern erzählen über mich Unwahrheiten, die mir peinlich sind. Neulich hörte ich, dass sie den Nachbarn berichtet haben, ich hätte wegen meines guten Englisch für unseren Klinikdirektor eine wichtige Rede vor vielen Leuten übersetzen müssen. Das stimmte aber nicht, ich habe nur einem Kollegen geholfen.«

Einige wehren sich gegen die Funktionalisierung durch die Eltern:

Die intelligente junge Frau Y., 1976 geboren, protestiert, als der Vater, nachdem sie mit Bravour das Aufnahmeexamen für die Universität bestanden hat, für viel Geld ein Fest organisiert, zu dem er die Verwandtschaft, ihre Lehrer und ihre (nicht so erfolgreichen) Schulkameraden einlädt. Sie weigert sich, auf dem Fest zu erscheinen, und verursacht damit einen Skandal. Für sie steht fest: »Das Fest hat er nicht für mich gemacht, sondern nur für sich selbst.«

In diesem Protest spiegelt sich möglicherweise ein Schritt in Richtung eines neuen, individualisierten Selbstverständnisses, das oft unter schweren inneren Konflikten mit alten Traditionen bricht und zu Verunsicherungen bei den Älteren wie den Jüngeren führt.

3.2.3 Sexualität – Partnerschaft – Familie

Reliquien sexueller Freizügigkeit im kaiserlichen China werden heute von amüsierten bis anzüglichen Händlern auf Antiquitätenmärkten angeboten, kleine Porzellan- oder Elfenbeinfiguren von Paaren in fantasievollen Koitus-Positionen. Im Zuge der politischen Umwälzungen des 20. Jahrhunderts war Sexualität zunehmend aus dem öffentlichen Leben verbannt worden, bis zur vollständigen Tabuisierung nach 1949. Lust oder romantische Liebe galten als »verdorben«, sie waren nicht mit dem von der Kommunistischen Partei konstruierten neuen, revolutionären Menschen kompatibel. Sexualität wurde unter strenger Kontrolle vollständig auf ihre reproduktive Funktion reduziert. Informationen über Sexualität beschränkten sich auf Warnungen vor Geschlechtskrankheiten.

Als wir 1988 erstmalig als Lehrtherapeuten nach China kamen, waren wir überrascht, wie viele der uns vorgestellten psychischen Störungen – wie in den ersten psychoanalytischen Fallgeschichten des viktorianischen Zeitalters – auf verdrängte sexuelle Konflikte zurückgeführt werden konnten. Unter den chinesischen Kollegen, die sich für die Psychoanalyse interessierten und unsere Kurse besuchten, blühten, passend, aber auch oft abenteuerlich unpassend, die sexuellen Fantasien, und wir fühlten uns in die Urzeit der Psychoanalyse zurückversetzt. Wir begriffen, dass wir zu Gast in einer Gesellschaft waren, die ebenso repressiv wie unterschwellig in hohem Maße sexualisiert war.

So durften in der Schule noch bis in die späten 80er Jahre des letzten Jahrhunderts Jungen und Mädchen keinen Kontakt miteinander haben, und »komplizierte Gedanken«, wie Verliebtheit umschrieben wurde, ahndeten die Lehrer als »verdorben«.

»Weil ich groß gewachsen war«, so eine junge Kollegin, »wurde ich in der Schule zu den Jungen gesetzt. Ich durfte aber nicht mit ihnen sprechen, weil sonst sofort etwas ›Schlechtes‹ gedacht worden wäre.«

Inzwischen spricht man von einer »sexuellen Revolution« (Der Spiegel, 24. Oktober 2003), nachdem es mit der Öffnung Chinas zum Westen im Laufe der letzten 20 Jahre zu einer radikalen Liberalisierung gekommen ist. Dies betrifft jedoch vor allem die Jugend in den großen Metropolen.

Viele junge Chinesen glauben jetzt, dass unbehindertes Sexualverhalten ein Index für Modernität – gleichbedeutend mit »Westlichkeit« – sei. Gemessen an der gesellschaftlich induzierten rigiden Sexualmoral der Elterngeneration könnte man bei der zunehmenden, durch Film, Fernsehen und Internet stimulierten Sexualisierung des Alltagslebens in den Metropolen von einer forcierten Akkulturation sprechen, die bestenfalls eine Befreiung – insbesondere für die Frauen – bedeutet. Dass dieser Prozess durch die Vergrößerung des privaten Lebensraums, die durch eine geringere soziale Kontrolle mehr Intimität ermöglicht, gefördert wird, kann ebenfalls eine Rolle spielen. Dennoch ist es in diesem Zusammenhang interessant, dass junge Menschen in Hongkong und Taiwan bei Befragungen von einem insgesamt konservativeren Sexualverhalten berichteten als ihre Altersgenossen in der Volksrepublik (Chang 1999, zit.n. Micollier 2005). Dieser Befund ist nicht leicht zu deuten, er spricht aber möglicherweise für eine Labilisierung der kulturellen Identität, verbunden mit einer Überanpassung an vermeintlich westliche Lebensformen, die durch die Medien induziert wird. Dass diese – von der Partei tolerierte – neue und gleichsam schamlose, »globalisierte«, zu schnell adaptierte Sexualmoral mit traditionellen familiären Werten kollidiert, zeigen viele Patienten mit psychischen Störungen, die die psychiatrischen und psychotherapeutischen Ambulanzen aufsuchen.

Für viele Jugendliche war es durch die im Fernsehen gezeigten westlichen Filme mit ihren freizügigen Liebesszenen sehr schwer, sich zwischen den in den Familien vorherrschenden prüden Moralvorstellungen und der neuen Offenheit zurechtzufinden.

1990 wurde mir in einer Ausbildungsgruppe von Psychotherapeuten über die Behandlung eines 20-jährigen Patienten berichtet. Der Student klagte über nicht näher definierte Depressionen, Ängste und Verstimmungen, die ihn seit etwa vier Jahren quälten und in der Konzentration auf sein Studium stark beeinträchtigten. Sein Therapeut beschrieb ihn als sehr höflich, eher weich und wenig durchsetzungsfähig, Augenkontakt vermeidend. Er habe sich sehr überwinden müssen, seine Geschichte zu erzählen.

Er ist das vierte Kind seiner Eltern, die eine lieblose Ehe führten. Er sagt: Wenn er – nach drei Schwestern – ebenfalls als Mädchen geboren worden wäre, wäre es zur Scheidung der Eltern gekommen. Den Vater habe er als streng und leistungsfordernd erlebt, er sei selten zu Hause gewesen. Er sagt, dass er sich immer einen größeren Bruder gewünscht habe. Als er 16 war, habe er zusammen mit zwei Freundinnen seiner Schwestern im Fernsehen eine amerikanische Sexshow gesehen, die ihn sehr »interessiert« habe. Er habe dann unmittelbar danach mit den beiden Mädchen »sexuelle Kontakte« gehabt, wobei unklar bleibt, wie sich diese gestaltet haben. Seitdem habe er starke Schuldgefühle, habe sich zurückgezogen, immer voller Angst, den beiden Mädchen wieder zu begegnen. Er habe sogar beinahe die Prüfung zur Universität nicht bestanden, so stark sei er von seinen Skrupeln und Schamgefühlen gepeinigt gewesen. Er habe – obwohl sich einige Mädchen um ihn bemüht hätten – keinen Kontakt mehr gehabt, habe große Angst vor Mädchen und Sexualität.

In der Diskussion mit den chinesischen Kollegen über diesen Fall geht es hoch her, wobei die meisten den Kontrollverlust des Patienten zunächst heftig verurteilen. In einer längeren Diskussion wird die ganze Problematik der Lebenssituation eines unter Frauen und in einer lieblosen Atmosphäre aufgewachsenen Pubertierenden analysiert. Wir sehen, dass er durch die kulturfremde, völlig un-chinesische Stimulation seinen Triebdurchbruch nicht kontrollieren konnte, was zu einem wahrscheinlich spielerischen Sexualkontakt geführt hatte. Schließlich, nach einer langen Debatte, wird der Patient von den chinesischen Kollegen für »unschuldig« erklärt und somit sozusagen freigesprochen.

Diese Diskussion hat vor 20 Jahren stattgefunden, heute würde sie in dieser Heftigkeit wohl nicht mehr geführt werden, wenngleich die zunehmende allgemeine Lockerung der Schamgrenzen weiterhin viele überfordert.

1997 wurde eine in 15 Provinzen an 23.000 Probanden durchgeführte erste große sexualwissenschaftliche Untersuchung, der sogenannte »chinesische Kinsey-Report«, publiziert. Hauptergebnisse waren einerseits – im Vergleich zur Mao-Ära – eine größere Permissivität hinsichtlich vor- und außerehelicher sexueller Kontakte, andererseits aber auch eine große Unzufriedenheit der Frauen mit uneinfühlsamen Sexualpraktiken der Männer (Liu et al. 1997; Scheerer 1993).

Sexualkundliche oder aufklärende Bücher waren erstmalig in den späten 80er Jahren publiziert und in den Schulunterricht eingeführt worden. Dies geschah gegen den Willen vieler Eltern, die diesen Themenbereich für ihre Kinder als »gefährlich« ansahen (Lu 2007).

Die Unsicherheit von Eltern gegenüber der Sexualität ihrer heranwachsenden Kinder zeigt ein Fall aus dem Jahre 2002, bei dem Unverständnis, aber auch die Insensibilität westlicher Ärzte dramatische Folgen hatten.

Ein 16-jähriges Mädchen wird mit Arm- und Beinbrüchen in die psychiatrische Jugendabteilung überwiesen, nachdem es sich aus dem dritten Stock gestürzt hatte.

Die Patientin ist hübsch und intelligent, noch sehr kindlich in ihrem Ausdruck, voller Angst. Als einzige Tochter eines wohlhabenden Managers eines internationalen Konzerns ist sie, insbesondere wegen ihrer ausgezeichneten schulischen Leistungen, der Stolz der Eltern. Monate vor der Einweisung hatte sie über Unterleibsschmerzen geklagt, die zunächst auf eine Blasenentzündung zurückgeführt wurden. Als die Behandlung ohne Erfolg blieb, wurde vermutet, dass es sich um eine Scheidenentzündung handeln müsse – vermutet wurde eine Infektion in einem Swimmingpool.

Während der sich über mehrere Wochen hinziehenden Diagnostik habe sie sich sehr schlecht gefühlt, sie habe auch nicht mehr richtig denken und sich konzentrieren können, was zu einer Verschlechterung der Noten und daraufhin auch zu Spannungen in der Beziehung zum Vater führte. Die Erkrankung habe sie sehr beunruhigt, sie habe aber mit niemandem über ihre Ängste sprechen können. Als ein Gynäkologe ihr Medikamente in die Scheide eingeführt habe, sei sie geschockt gewesen. Sie habe gedacht, sie würde verrückt werden. Nachdem sich die Beschwerden nicht besserten, wurde sie schließlich in die Frauenabteilung eines internationalen Privatkrankenhauses eingewiesen. Hier wurde sie von zwei amerikanischen Ärzten gynäkologisch untersucht, die eine Gruppe von Medizinstudenten hinzuzogen. Kurz danach habe sie sich dann voller Panik aus dem Fenster dieser Klinik gestürzt.

In den therapeutischen Gesprächen zeigt sich, dass die Patientin intellektuell offensichtlich sehr viel weiter ist als in ihrer körperlichen und emotionalen Reifung. Die ungemein schamvolle Situation hat sie, die sich als weitgehend unaufgeklärt erwies, völlig überfordert. Hinzu kommt jetzt die Stigmatisierung durch den Selbstmordversuch. Die Eltern verlangen, dass sie die Schule wechselt, damit er nicht bekannt wird, weil die Familie sonst ihr Gesicht verlieren würde. Das junge Mädchen ist verzweifelt und fühlt sich völlig alleingelassen.

Untersuchungen zur Sexualaufklärung von Kindern und Jugendlichen zeigen, dass Eltern hier »wenig hilfreich« und schlecht vorbereitet sind, die Fragen ihrer Kinder zu beantworten. Viele halten Aufklärung für überflüssig und glauben, dass die Kinder »automatisch« Bescheid wüssten, wenn sie erwachsen sind. In einer groß angelegten Studie stellte sich heraus, dass die meisten Eltern (71%) nicht wissen, wie sie mit ihren Kindern über Sexualität sprechen sollen – oder das Thema als peinlich empfinden und Hilfe bräuchten. Die Mehrzahl stimmte darin überein, dass in Film und Fernsehen zu viel Sexuelles gezeigt würde und dass Masturbation und Homosexualität unnormal seien (Liu/Edwards 2003).

Im Jahr 2007 wird über ein 16-jähriges Mädchen berichtet, das auf der psychiatrischen Jugendstation behandelt wird. Es bekommt fünf verschiedene Psychopharmaka. Die liebenswürdig wirkende Jugendliche hatte sich zwei Jahre lang geweigert, in die Schule zu gehen, obwohl sie eine gute Schülerin war. Sie habe einen Jungen in ihrer Klasse gemocht und sei in seiner Gegenwart so nervös und ängstlich geworden, dass sie sich nicht mehr habe konzentrieren können. Dann sei sie auch in der Gegenwart des Vaters nervös geworden – und schließlich hatte sie behauptet, dieser habe sie vergewaltigt, was dann auf Wunsch der entsetzten Eltern zur stationären Aufnahme führte.

Die Eltern hatten spät geheiratet, die Mutter bekam die Patientin erst mit 36 Jahren durch einen ärztlichen Eingriff (wahrscheinlich eine künstliche Befruchtung). Seit der Geburt bis zur Aufnahme hätten Mutter und Tochter in einem Bett geschlafen, während der Vater im Nebenzimmer schlief. Die Mutter, eine Frau aus sehr einfachen Verhältnissen, bewunderte die Tochter wegen ihrer Schulleistungen und erzählte gelegentlich auch Dinge, die nicht der Wahrheit entsprachen, um sich mit dem Kind zu brüsten.

Die Patientin hatte oft Schlafstörungen – und die Mutter ließ es zu, dass die Tochter an ihrem Bein masturbierte, um ihr zum Einschlafen zu verhelfen, wahrscheinlich ohne über die sexuelle Komponente etwas zu wissen.

Mit etwa zwölf Jahren hatte die Tochter begonnen, ihren Eltern intime Fragen über Sexualität zu stellen, was diese sehr beunruhigte, sodass sie ihr dies schließlich verboten, ebenso wie Verabredungen oder auch nur Begegnungen mit Jungen.

Die Mutter bringt das Tagebuch der Tochter mit in die Klinik, in dem sie einerseits Fragen zur Sexualität notiert hat und das andererseits Zeichnungen von Mädchen und Jungen ohne Geschlechtsmerkmale enthält.

In den therapeutischen Sitzungen stellt die Patientin ihrer Therapeutin viele intime Fragen, wobei auffällt, dass sie jedes Zeichen von Scham vermissen lässt. Sie verliebt sich in eine Mitpatientin und legt sich nachts zu einem Jungen ins Bett.

Es handelt sich um eine Patientengeschichte, in der sich, sicher zugespitzt, das Drama unaufgeklärter, Sexualität abwehrender Eltern und die unverstandenen Nöte einer Pubertierenden widerspiegeln. Der Schulabbruch des offensichtlich begabten Mädchens vor zwei Jahren ist nicht verstanden worden. Erst die Anschuldigung, der Vater habe sie missbraucht, wird zu einem Hilferuf, der zur Einweisung – und schließlich im Rahmen einer sich anschließenden Familientherapie – auch zur Entlastung führt. Die auffällige Schamlosigkeit der Jugendlichen spricht für ihre gleichsam unschuldige Verwirrtheit und Orientierungslosigkeit, die durch den von den Eltern verleugneten pubertären Triebschub ausgelöst worden ist. Sie muss ein asexuelles Kind bleiben, das in seiner Entwicklung keine Hilfe bekommen kann. Die Mutter funktionalisiert die Patientin im Interesse ihrer eigenen Sexualabwehr und die gehorsame Tochter zeichnet im Tagebuch, wobei sie weiß, dass es von der Mutter gelesen wird, geschlechtslose Wesen.

Weiblichkeit, die sich auch in der Körperlichkeit ausdrückt, war während der revolutionären Phase unterdrückt worden. Das Ideal war das der androgynen Arbeiterin, deren Wert einzig außerhalb des geschlechtlichen Körpers gesehen wurde. Schon äußerlich gab es zwischen Männern und Frauen keine großen Unterschiede, alle trugen die gleichen Anzüge. Sexualität war tabuisiert. Alle Begegnungen fanden vor den Augen der allgegenwärtigen Partei statt und schon ein harmloses Gespräch zwischen Männern und Frauen konnte zu einem Risiko werden. So wird verständlich, dass es in den Jahren der ökonomischen Öffnung zu einer Konfusion im Verständnis von und über Sexualität kam. 1986 wurde bei fast der Hälfte der Paare, die sich scheiden ließen, sexuelle Probleme als Grund angegeben (Liu et al. 1997). Gleichzeitig kam es aber auch zu einer dramatischen Steigerung der Zahl sexuell übertragener Erkrankungen (Micollier 2005).

Prostitution spielt eine große Rolle, und es gibt sie in vielen Formen. Unternehmer und wohlhabende Kader leisten sich »Zweite Ehefrauen« wie ihre Vorfahren die Konkubinen. Geschäftsleute nehmen offen »Hostessen« in Anspruch. In Bars, Teehäusern und Salons ist das Geschäft mit der Sexualität gang und gäbe. Auch Gäste feinerer Hotels werden unabhängig von ihrem Geschlecht in tiefer Nacht telefonisch eingeladen, sich »massieren« zu lassen. In Filmen und Romanen provozieren drastische Liebesszenen. Nicht nur die Generation der Kulturrevolution reagiert mit Unverständnis auf diese neue Permissivität. Die Verunsicherung betrifft auch die Mehrheit der Jüngeren, die die Wertvorstellungen der Eltern übernommen haben. So spielen Konflikte, die sich um sexuelle Wünsche und Ängste drehen, in den Fallvorstellungen eine große Rolle. Zwei weitere Bespiele sollen dies illustrieren:

Eine 30-jährige unscheinbar und gehemmt wirkende Frau, Volksschullehrerin auf einem Dorf, wird mir als Patientin vorgestellt. Sie vermeidet Blickkontakt und sitzt verkrampft vor mir. Sie wird behandelt, weil sie den Zwang, Männern und Jungen auf die Genitalregion zu blicken, nicht mehr kontrollieren kann. Sie kann sich auch im Unterricht kaum noch konzentrieren, weil ihr dies auch bei ihren kleinen Schülern passiere. Sie bekomme dabei sexuelle Gefühle, für die sie sich sehr schäme.

Eine 20-jährige Patientin, die stationär behandelt wird, leidet seit vier Jahren an sozialen Ängsten. Sie kann niemandem in die Augen sehen, ohne starkes Herzrasen zu bekommen. Sie bleibt zu Hause. Während des Gespräches mit der Therapeutin ist der Kopf herabgesunken und sie kann kaum Kontakt aufnehmen. Schließlich überwindet sie sich und erzählt, dass sie sich 16-jährig in einen Lehrer verliebt habe. Eines Tages habe sie diesen Lehrer »aus Versehen« angelächelt und dieser habe sie daraufhin angestarrt. Sie fühlte sich angegriffen und ertappt und hat seitdem die Schule nicht mehr betreten. Sie kam dann in verschiedene Krankenhäuser und wurde medikamentös behandelt, ohne dass ihr geholfen werden konnte. Sie versuchte auch, sich umzubringen. Die Eltern sind ratlos, kümmern sich aber wenig, weil sie mit dem Bau eines Hauses beschäftigt sind. Die Patientin wird dann einen Monat lang auf einer Psychotherapiestation behandelt, vor allem wird sie hinsichtlich ihrer pubertären Liebeswünsche entlastet, und erholt sich sichtbar. Anlässlich eines ambulanten Wiedervorstellungstermins nach einigen Wochen erzählt sie, dass sie sich in einen gleichaltrigen jungen Mann verliebt habe und eine Ausbildung anstrebe.

Die strenge Verurteilung von *Homosexualität* hat in China eine relativ kurze Geschichte. Im kaiserlichen China war Homosexualität Teil der höfischen Liebeskultur und erst im 20. Jahrhundert, insbesondere nach Gründung der Volksrepublik, wurde sie als bürgerlich und dekadent angesehen, verboten und verfolgt (Pan et al. 1995). Auch wenn der Staat bis heute noch Einfluss auf das private und öffentliche Leben nimmt, so hat er die Sexualität inzwischen doch wieder weitgehend in das Privatleben zurückverwiesen. Seit dem Jahre 2001 ist Homosexualität nicht mehr strafbar und in den großen Städten gibt es Treffpunkte und Bars, die toleriert werden. Dennoch spielt die Vorstellung, dass Homosexualität »gegen die Familie« gerichtet ist, im Selbstverständnis der Bevölkerung weiterhin eine große Rolle, umso mehr, als das Fortbestehen der Familie gerade in der Ein-Kind-Politik nicht gewährleistet ist. So heiratet die Mehrzahl der Homosexuellen, um ein Kind zu zeugen, oder geht Scheinehen ein (Micollier 2005).

Besonders in den kleineren Städten und auf dem Lande, wo die Stigmatisierung noch recht groß ist, wird häufig das Internet als Kontaktmöglichkeit genutzt.

Eine 26-jährige Patientin wird nach einem Suizidversuch in der Ambulanz vorgestellt. Sie wirkt unscheinbar, verschüchtert, die sie begleitende Mutter ratlos, verschlossen. Die Patientin berichtet, dass sie über das Internet eine junge Frau kennengelernt habe, beide hätten sich ineinander verliebt und einige glückliche Wochen miteinander verlebt, in denen sie sich auch trafen und Zärtlichkeiten austauschten. Als die Eltern der Freundin von dieser Beziehung erfuhren, verboten sie strikt jeden weiteren Kontakt und drohten damit, sie aus dem Haus zu werfen. Als die Freundin sich daraufhin distanzierte, stürzte die Patientin in tiefe Verzweiflung. Sie nahm Pflanzengift, konnte aber gerettet werden.

Auch in der klinischen Arbeit ist der Vorbehalt gegen Homosexuelle noch deutlich spürbar. Eine Kollegin, die von einer Patientin, die sich von ihr verstanden fühlte, in einer spontanen Geste dankbar umarmt wurde, erlebte diese Annäherung erschreckt als homosexuelle Attacke. Körperliche Annäherung kann leicht als Zeichen von Homosexualität missverstanden werden.

In der Kollegengruppe wird ein 17-jähriger, schmächtiger und traurig wirkender Student einer Kunstschule vorgestellt, der von sich aus psychotherapeutische Hilfe in der Ambulanz sucht. Er kommt ohne elterliche Begleitung, weil er fürchtet, diese würden ihn für verrückt halten. Er berichtet, dass er seit der Trennung von einem jungen Mann, den er in seinem Schulbus kennengelernt hatte, traurig und ängstlich sei. Eines Tages sei er so müde gewesen, dass er auf die Knie des neben ihm sitzenden Studenten gesunken und dort eingeschlafen sei. Er habe sich warm und geborgen gefühlt, »wie eine aufgerollte Schlange«. Er habe seitdem immer mehr Sehnsucht nach dieser Nähe verspürt und täglich neben diesem jungen Mann gesessen, den er nicht näher kennenlernte. Nach einem Jahr habe der Junge einen anderen Bus genommen und seitdem habe er sich einsam und hilflos gefühlt.

Er berichtet, dass er in einer kalten Atmosphäre aufgewachsen sei und sich immer sehr allein gefühlt habe. Der Vater, ein Regierungsbeamter, sei sehr beschäftigt gewesen, er sei ein karger, strenger Mann, der ihn geschlagen habe, wenn er sich weigerte, zu essen. Zur Mutter habe er eine zwiespältige Beziehung, sie rede pausenlos und gebe ihm nur Anweisungen. Die Familie lebt außerordentlich beengt, zusammen mit der Großmutter, in zwei Räumen. Die Atmosphäre im Hause ist angespannt.

Der Patient betont, dass er nicht homosexuell sei und keinerlei sexuellen Gefühle bei dem Kontakt mit dem Mitstudenten gehabt habe. In der Diskussion unter den Kollegen wird dies zunächst bezweifelt.

In den therapeutischen Gesprächen wird deutlich, dass es sich bei dem jungen Mann um ein noch unentwickeltes, emotional unterversorgtes Kind handelt, dessen Einsamkeit und Beziehungsarmut zu einer gravierenden Entwicklungsverzögerung geführt haben. In unserer Diskussion hat eine Kollegin die Fantasie, dass das Knie des Mitschülers die Mutterbrust symbolisiert habe, ein »Teilobjekt«, das ihm Wärme und Geborgenheit vermittelte.

3.2.4 Ehe

Noch vor 25 Jahren gingen die meisten jungen Menschen in sexueller Hinsicht völlig unvorbereitet und kenntnislos in die meist arrangierte Ehe – und die Unkenntnis und Unbeholfenheit der Partner führte oft zu großer Desillusionierung, vor allem bei den Frauen (Scheerer 1995).

Im Heiratsgesetz des Jahres 1950, einem der ersten Gesetze der kommunistischen Regierung, wurden arrangierte Ehen abgeschafft, ein Brautpreis ebenso wie Polygamie oder Konkubinen unter Strafe gestellt und den Frauen das Recht garantiert, sich scheiden zu lassen.

Der traditionell hohe Stellenwert der Familie schließt ein, dass fast alle jungen Menschen das Ziel haben, zu heiraten. Auch wenn es in den großen Städten eine Tendenz – insbesondere unter Karrierefrauen – gibt, auf eine Ehe zu verzichten (Kolonko 2006), ändert dies nichts an der Tatsache, dass unverheiratete Menschen ab etwa 30 Jahren als sonderlich angesehen und stigmatisiert werden.

Die offizielle Heiratsprozedur an sich ist einfach: Es ist eine wenige Minuten dauernde standesamtlichen »Registrierung«, zu der seit 2001 keine Erlaubnis mehr eingeholt zu werden braucht. Dann wird nach Befragung des Horoskops der Termin für die Hochzeitsfeier mit der Familie und den Freunden ermittelt. Dieses Fest ist sehr kostspielig, sodass sich manche Familien erheblich verschulden. Wer bei der Heirat der Kinder keinen großen Aufwand betreibt läuft Gefahr, das Gesicht zu verlieren.

Bis heute entstehen viele Ehen auf Vermittlung durch die Eltern und die weitere Familie, aber auch durch Freunde, Kollegen und sogar Vorgesetzte. Der gesellschaftliche Druck ist groß und wird von vielen jungen Menschen als belastend erlebt.

Eine 27-jährige alleinstehende Ärztin möchte für sich eine Wohnung anmieten, weil sie nicht mehr im Schlafsaal ihres Krankenhauses leben möchte. Die Vorgesetzte bedeutet ihr, dass dies anrüchig sei, man könne schlecht über sie denken. In der Folgezeit werden ihr verschiedene Männer vorgestellt, die sie jedoch nicht interessieren. Schließlich heiratet sie doch einen Mann, den sie kaum kennt, auch weil sie die ständigen Fragen ihrer Eltern leid ist. Die Ehe wird unglücklich, asexuell.

Eine 32-jährige Wissenschaftlerin berichtet, dass sie immer ein ängstliches und scheues Kind gewesen sei, das sich den Eltern absolut untergeordnet habe. Als sie 30 Jahre alt wird, setzen die Eltern sie unter Druck, zu heiraten. Sie findet über das Internet einen neun Jahre älteren Mann, der ihr zunächst verheimlicht, dass er geschieden und Vater einer Tochter ist. Als sich die Beziehung intensiviert, legen die Eltern ihr nahe, sich zu trennen. Sie erleben die Tatsache, dass er geschieden ist, als Gesichtsverlust für die Familie. Dennoch heiratet sie ihn, möchte die Verbindung aber geheim halten und verzichtet auf die traditionelle Feier. Die Arbeitskollegen erfahren sehr viel später, dass sie geheiratet hat. Letztlich schämt sie sich.

Bei der von den Eltern angestrebten Partnerwahl für den Sohn oder die Tochter spielt das Geld oder das Ansehen oft eine sehr viel größere Rolle als Zuneigung oder Charaktereigenschaften. Die Wahl der Kinder wird nicht unbedingt akzeptiert. Liebesheiraten sind für viele der Älteren nicht selbstverständlich. Meist setzen sich die Kinder durch, jedoch nicht ohne Konflikte.

So beklagt sich ein junger Arzt, der mit einer Krankenschwester befreundet ist und diese heiraten möchte, darüber, dass die Eltern seine Wahl missbilligen. Sie stellen ihm eine Ärztin vor, die für sie ein größeres Ansehen verspricht. Er setzt sich nach vielen Schwierigkeiten durch.

Dennoch spielt Zuneigung bei der Partnerwahl nicht immer die wichtigste Rolle. In den letzten 25 Jahren hat auch für die junge Generation die finanzielle Lage der zukünftigen Partner an Stellenwert gewonnen (Jiang/Yang 2006).

In den Städten gibt es lebendige Heiratsmärkte, auf denen sich an den Wochenenden die Eltern unverheirateter Kinder treffen. Manche tragen Schilder mit Fotos und »Daten« ihrer Kinder – wie Ausbildung, Verdienst, Vorlieben, körperliche Vorzüge oder Nachteile – mit sich, um das passende Gegenstück zu finden. Geht man über einen solchen Platz, trifft man auf kleine, heftig diskutierende Gruppen, die ihre Köpfe zusammenstecken und verhandeln. Meist sind diejenigen, um die es geht, nicht besonders glücklich über die Aktivitäten der Eltern. Sie treffen sich dann aber mit den ausgesuchten Kandidaten, um die Eltern nicht zu enttäuschen.

So war eine Lehrerin 20 Mal jungen Männern vorgestellt worden, ohne dass es zu einer Partnerschaft kam. Ihren Mann lernte sie dann auf der Hochzeit einer Freundin kennen.

Ein Wissenschaftler berichtete, dass er sich dreimal mit unterschiedlichen Frauen getroffen habe, die seine Mutter für ihn auf dem Heiratsmarkt ausgesucht hatte. Er sei aber so gehemmt gewesen, dass er nicht gewusst habe, worüber er in ein Gespräch kommen könnte. Die Frauen hätten sich daraufhin zurückgezogen.

Viele moderne Paare, die ihre Partner ohne fremde Hilfe gefunden haben, widersetzen sich inzwischen den elterlichen Vorstellungen und entscheiden im Sinne ihrer eigenen Neigungen, was aber oft mit erheblichen Schuldgefühlen verbunden ist. Da inzwischen erwachsene Kinder mit ihren Eltern seltener unter einem Dach leben, ist die Notwendigkeit eines absoluten Einvernehmens zwischen den neu in die Familie Eingeheirateten und ihren Schwiegereltern nicht mehr so zwingend. Dennoch ist Disharmonie zwischen den Generationen ein großes Problem.

Es kommt nicht selten vor, dass heiratswillige junge Menschen sich den zukünftigen Partnern und ihren Familien gegenüber in einem günstigeren Licht darstellen, so zum Beispiel, wenn sie eine bessere Ausbildung angeben als die, die sie tatsächlich genossen haben. Sie versuchen, mit dem eigenen auch das Ansehen der neuen Familie zu heben und die Eltern wohlwollend zu stimmen.

Während den chinesischen Ehen früher eine lange Dauer bei geringer Zuneigung zugeschrieben wurde, steigt in den letzten beiden Jahrzehnten die Scheidungsrate an (Jiang/Yang 2006), ungeachtet der noch weitverbreiteten Vorstellung, dass mit einer Scheidung ein Gesichtsverlust für die Familie verbunden ist. Die Scheidungsprozedur kostet nicht viel, 100 Yuan, ca. einen Euro. Häufig sehen sich die Beteiligten jedoch intensiven Vermittlungsversuchen von Freunden, aber auch Arbeitskollegen oder Vorgesetzten ausgesetzt, die diesen Schritt erschweren.

So gelang es einer Klinikdirektorin unter großem Einsatz und nicht ohne Androhung von Sanktionen einen jungen Arzt, der sich in eine andere Frau verliebt hatte, wieder mit seiner Ehefrau zu versöhnen.

Im Ehealltag spielen das Kochen und das gemeinsame Essen eine große Rolle. Häufig sind es dabei die Männer, die die Mahlzeiten zubereiten, besonders an den freien Tagen. Beide Partner sind in der Regel berufstätig und die häuslichen Aufgaben sowie die Versorgung der Kleinkinder wird an den Arbeitstagen in vielen Fällen von den Großeltern übernommen, bis sie mit etwa drei Jahren in den Kindergarten gehen können oder mit sieben Jahren in die Schule kommen (vgl. Kapitel 3.1). Viele junge Eltern klagen darüber, dass die Großeltern die Kleinen hemmungslos verwöhnen, dass die Kinder zum Beispiel zu lang gefüttert würden, zu unselbstständig oder zu dick seien oder zu lange vor dem Fernseher säßen. Es ist schwer, sich gegen den Einfluss der Großeltern zu wehren.

Die Ärztin Frau Z., 1973 geboren, lebt mit ihrem Mann und ihrer fünfjährigen Tochter fünf Minuten von den Eltern entfernt in einer kleinen Wohnung. Die Eltern versorgen die Kleine. Früher, in ihrer eigenen Kindheit, sei die Mutter sehr streng gewesen, ihre schulischen Leistungen seien der Mutter nie gut genug gewesen. Jetzt mache sie sich Sorgen, dass sie die Tochter zu fürsorglich behandle und so verhindere, dass sie eigenständig werde. Sie könne noch nicht mit Stäbchen umgehen, weil sie immer gefüttert werde. Sie selbst erlebe sich oft gar nicht wie die Mutter, sondern eher wie eine Schwester ihrer kleinen Tochter. Sie sage aber nichts, weil sie sich davor fürchte, mit der Mutter zu streiten. Sie müsse sich auch immer wieder sagen, dass das ihr Kind für ihre Eltern, die es während der revolutionären Zeit schwer gehabt hätten, nun ein großes Geschenk sei.

Nur am Sonntag, wenn sie mit ihrem Mann und ihrer Kleinen in den Park gehe, fühle sie sich wie eine Mutter. – Sie sei dann sehr glücklich.

Viele Großeltern der jetzigen Kleinkinder haben darauf verzichten müssen, ihren eigenen Nachwuchs aufwachsen zu sehen, weil sie während der Kulturrevolution auf dem Lande oder in Lagern waren, und widmen sich jetzt mit viel Liebe, aber auch viel Ehrgeiz den Enkelkindern. Wie das Beispiel der beschriebenen jungen Mutter zeigt, wird dies oft sehr ambivalent wahrgenommen.

Wenn die jungen Eltern nicht mit ihren Familienmitgliedern ihre Freizeit verbringen, so tun sie dies oft mit Arbeitskollegen, die ebenfalls kleine Kinder haben. Am Sonntag gehen sie – wenn sie die Kinder nicht zu ihren Unterrichtsstunden in Sprachen, Tanz, Kalligrafie oder Schach begleiten – mit den kleinen Familien der Kollegen in Freizeitparks und amüsieren sich zusammen – und vergleichen die Entwicklungsfortschritte ihrer kleinen Prinzen und Prinzessinnen. Die Kollegen bilden so die erweiterte Familie, in der jeder über jeden Bescheid weiß – und in der man sich sicher fühlt.

4 Psychoanalyse in China

Das folgende Kapitel gliedert sich in vier Unterkapitel. In einem ersten, historischen Abschnitt werde ich das Auftauchen der Psychoanalyse und ihr Verschwinden bei Ausbruch des Chinesisch-Japanischen Krieges und der anschließenden Mao-Ära beschreiben. Der zweite Abschnitt widmet sich dem Neuanfang in den 80er Jahren des letzten Jahrhunderts und reicht bis in die Gegenwart. Vor dem Hintergrund meiner eigenen Erfahrungen werde ich weiter spezifische, insbesondere behandlungstechnische Probleme aufzeigen, die mit dem Transfer der Psychoanalyse aus einer westlichen Kultur nach China verbunden sein können. Zum Schluss berichte ich über den Pragmatismus chinesischer Psychotherapeuten sowie das Problem der sogenannten »klassischen Psychoanalyse-Ausbildung« in China.

4.1 Historische Aspekte

Erstmalig erwähnt wird der Name Sigmund Freuds in China 1912, zwei Jahre nach Gründung der *Internationalen Psychoanalytischen Vereinigung*. Der Gelehrte Qian Zhixiu (1883–1947) hatte einen amerikanischen Zeitungsartikel übersetzt, der über eine Analyse einiger Fehlleistungen Theodore Roosevelts berichtete (Zhang D. 1994). 1914 veröffentlichte er einen eigenen Aufsatz, in dem er die Prinzipien der Psychoanalyse vorstellte.

Auf breites Interesse der Intellektuellen stieß die Psychoanalyse dann im

Zuge der geistigen Öffnung und Liberalisierung Chinas im zweiten Jahrzehnt des letzten Jahrhunderts, die bis Mitte der 30er Jahre anhielt. Diese neue Entwicklung wurde später als »Bewegung des vierten Mai« beschrieben und im Zusammenhang mit dem Protest gegen den für China demütigenden Versailler Vertrag von 1919 gesehen (vgl. Kapitel 1.1). Damals kam es zu Massendemonstrationen der Studenten und zu energischen Forderungen nach einer Modernisierung Chinas. Wortführer waren Intellektuelle, die sich in Europa, Nordamerika und Japan aufgehalten hatten und für die wissenschaftliche und gesellschaftliche Rückständigkeit Chinas sensibilisiert waren. Das traditionelle China wurde dem modernen Westen gegenübergestellt. Als Grund für diese Rückständigkeit wurde vor allem der Konfuzianismus angeführt, der mit seiner Hierarchie und seinem Konservativismus keine Freiheit und Gleichheit, aber auch keine Wissenschaften aufkommen lasse. Westliche Errungenschaften wie Demokratie und Wissenschaften wurden verherrlicht. Anstelle des Konfuzianismus sollten zwei neue Ideale treten: »Mr. Democracy« und »Mr. Science« (Weggel 1989, S. 37).

In diesem Zusammenhang wurde die Freud'sche Psychoanalyse als neue, fortschrittliche Wissenschaft angesehen, als Grundlage für eine Hinwendung zu einem bisher unbekannten, individualisierten Menschenbild.

Gelehrte und Schriftsteller begannen, sich für die Psychoanalyse zu interessieren. Sie ließen sich inspirieren und versuchten, die von ihr vorgegebene psychologische Tiefe in ihren Werken zu verarbeiten – oder sie auch kritisch zu diskutieren. Der Philosoph Zhang Shizhao (1882–1973), der in Deutschland studiert hatte, übersetzte »Psychoanalyse« mit »Zerlegung des Herzens«. Ein an Zhang adressierte Brief Freuds aus dem Jahre 1929 ist erhalten und dient als Vorwort seiner Übersetzung der »Selbstdarstellung« von Sigmund Freud (vgl. Blowers 2006). Zhang war so überzeugt von der Psychoanalyse, dass er meinte, die Werke Freuds sollten in den Bücherregalen einer jeden Familie stehen (Zhang D. 1994, S. 27). Freuds Werke und die seiner Schüler wurden ins Chinesische übersetzt und Freud – ebenso wie Nietzsche – wurde als einer der Wegbereiter eines neuen Weltverständnisses gesehen.

Es war eine Zeit großer intellektueller Bewegungen. So entstanden auch, nicht zuletzt unter dem Einfluss der russischen Revolution, marxistische Studierzirkel. Sie wurden die Keimzellen für die Kommunistische Partei Chinas, die 1921 in Shanghai gegründet wurde.

Eine Rezeption der Psychoanalyse – überhaupt der Psychotherapie – als Behandlungsmöglichkeit in der Versorgung seelisch oder geistig Kranker fand damals nicht statt. In der traditionellen holistischen medizinischen Vorstellung waren psychische Erkrankungen als Ausdruck eines Ungleichgewichts in der Funktion der inneren Organe angesehen worden. Eine eigene Disziplin »Psychotherapie« war somit auch mit der bisher praktizierten chinesischen Medizin nicht denkbar oder vereinbar. Zu dringlich war zunächst überhaupt die Institutionalisierung einer klinischen Psychiatrie. Die erste psychiatrische Klinik war zwar bereits 1887 von dem Missionar John Kerr in Kanton gegründet worden, als selbstständiges Gebiet in der Medizin etablierte sich die Psychiatrie jedoch erst in den ersten Dekaden des 20. Jahrhunderts, ebenfalls mithilfe westlicher Psychiater. Unter denjenigen, die zu den Pionieren der modernen chinesischen Psychiatrie wurden, waren der Amerikaner Robert Lyman, der von 1931 bis 1932 in Shanghai und dann bis 1937, als der Chinesisch-Japanische Krieg ausbrach, in Peking tätig war. Seine Nachfolgerin in Shanghai war die Österreicherin Fanny Halpern, die bis 1939 in China blieb. Beide erwarben sich große Verdienste. Sie waren der Psychoanalyse gegenüber aufgeschlossen, arbeiteten aber eklektisch. Halpern war in Wien bei Alfred Adler ausgebildet worden (Riedel 2001), sie engagierte sich aber vorrangig beim Aufbau psychiatrischer Einrichtungen sowie in Forschung und Lehre. Lyman zählte einige der später führenden chinesischen Psychiater zu seinen Schülern (ebd.).

4.1.1 Bingham Dai: Der erste chinesische Psychoanalytiker

Bingham Dai (Dai Bing Heng, 1899–1996)[4], der in China aufgewachsen war, war Soziologe und hatte in Chicago promoviert. Er hatte auch Sozialpsychologie bei George Herbert Mead belegt. 1932 kam er mit einem Rockefeller Stipendium nach Yale, wo er an einem von dem Anthropologen Edward Sapir und dem Soziologen und Psychoanalytiker John Dollard geleiteten Projekt teilnahm, das sich mit dem Einfluss von Kultur auf die Persönlichkeit befasste. Dollard war es, der Dais Entscheidung, sich selbst einer Analyse zu

4 Es ist vor allem das Verdienst von G.F. Blowers, Psychologe und Historiker an der Universität Hongkong, dass er die Lebensgeschichte und die Verdienste Dais bekannt gemacht hat.

unterziehen, beeinflusste. Der Neofreudianer Harry Stack Sullivan vermittelte dann Dai einen Analyseplatz in Chicago bei Leon Saul, der damals von Karen Horney supervidiert wurde. Anders als Freud, der die Triebtheorie als Kern seines Werkes ansah, hatten die Neofreudianer Ideen zur Rolle der Umwelt und der interpersonellen Beziehungen für die Persönlichkeit und ihre Störungen entwickelt.

Dai, der sich schon in China einen breiten religiös-philosophischen Bildungshorizont erworben hatte, kam 1935 auf Einladung von Lyman in sein Heimatland zurück und arbeitete unter ihm bis 1939 in der Abteilung für Psychiatrie des *Peking Union Medical College* als Assistenzprofessor. Er ging ebenfalls nach Amerika zurück, als die japanischen Truppen Peking besetzten.

Seinen Tätigkeitsbereich in Peking schildert er in einem Brief, den er als 86-Jähriger schreibt:

> »1. Patientenuntersuchungen in der psychiatrischen Klinik des College, 2. Unterricht über die Prinzipien der Psychotherapie für das Personal und die jungen Ärzte, 3. Psychotherapie-Supervision am Städtischen Psychiatrischen Krankenhaus in Peking, 4. Angebot lehrtherapeutischer Sitzungen für ausgewählte Mitarbeiter und Ärzte« (Dai 1984, S. 281; Übers. A.H.).

Die über zehn Monate dauernden Selbsterfahrungssitzungen verglich er mit einer persönlichen Analyse in einem psychoanalytischen Institut, wenn er auch einschränkend bemerkt, dass dies doch nicht dasselbe sei. Er berichtet auch, dass eine Kerngruppe von einem halben Dutzend von ihm ausgebildeter Personen kurz davor war, die erste Gesellschaft für Psychotherapeuten zu gründen, was aber durch die japanische Invasion vereitelt worden sei.

Dai betont, dass er bei seiner Anwendung psychoanalytischer Konzepte und Techniken auf keinerlei Widerspruch gestoßen sei. Er führt dies darauf zurück, dass bei seiner Arbeit in China weniger Triebkonflikte im Vordergrund stünden als vielmehr die Schwierigkeit, das Mensch-Sein (»how to be a human being«) mit den kulturellen Geboten in Einklang zu bringen. Persönliche Probleme, so sein Credo, seien grundsätzlich Probleme sozialer und kultureller Anpassung (Dai 1941, 1957). So beschreibt er einen jungen Mann, der seinem autoritären Vater gegenüber derart erpicht war, ein treuer Sohn zu sein, dass er seine Feindseligkeit diesem gegenüber nur in zwangsneurotischen Symptomen ausdrücken konnte (Dai 1957, S. 282). In der patriarchalisch strukturierten chinesischen Familie mit ihrem tief verankerten Gebot von Kindespietät seien Ungehorsam – oder gar feindselige Gefühle Älteren gegenüber – tabuisiert. Dai wendet sich gegen Freud, der für die Entstehung von Zwangsneurosen eine zu rigide Sauberkeitserziehung in der frühen Kindheit verantwortlich macht. Er weist darauf hin, dass chinesische Mütter in dieser Hinsicht gemeinhin keinerlei Druck auf ihre Kinder ausübten. In seiner Verbindung von Psychoanalyse und Soziologie betont er die Wichtigkeit, das Schwergewicht in der Therapie auf die zwischenmenschlichen Beziehungen der Patienten zu legen. Hier leistet er gleichermaßen seiner neofreudianischen Orientierung wie auch den soziokulturellen Besonderheiten der chinesischen Gesellschaft einen Tribut. Nach seiner Rückkehr in die USA war Dai zunächst an der *Fisk University* in Nashville/Tennessy tätig, folgte 1943 jedoch seinem Mentor Lyman an die *Duke University*, wo er 26 Jahre lang bis zu seiner Pensionierung lehrte. 1982 wurde er noch einmal nach China eingeladen, um Vorlesungen über Psychotherapie zu halten. Er starb 1996 im Alter von 97 Jahren in North Carolina. Seine Spuren in China sind nach seiner Rückkehr in die Vereinigten Staaten weitgehend verweht, über das Schicksal seiner ehemaligen Schüler ist wenig bekannt. Zwei von ihnen folgten ihm in die USA, einer soll in Peking bis zu seinem Tod eine Stellung im Gesundheitswesen unter der kommunistischen Regierung innegehabt haben (Dai 1984, S. 281).

Heute nimmt man ebenso erstaunt wie beeindruckt zur Kenntnis, dass Dai bereits in den 30er Jahren ein psychoanalytisch inspiriertes Lehrkonzept mit Fallsupervision und einem Angebot von Selbsterfahrung für Ärzte, die mit psychisch gestörten Patienten arbeiten, verwirklichte, ein Konzept, das in Deutschland erst etwa 40 Jahre später praktiziert wurde. Seine Arbeit konnte wegen der kriegerischen Auseinandersetzungen mit Japan und dem Bürgerkrieg weder Wurzeln bilden noch Verbreiterung finden. Die kommunistische Regierung schließlich setzte seinen psychoanalytisch orientierten Ansätzen dann vollends den Riegel vor.

Nicht vergleichbar mit dem Wirken des Chinesen Bingham Dai ist die Geschichte eines anderen Mannes, der als einer der etwa 18.000 mitteleuropäischen jüdischen Emigranten auf der Flucht vor den Nationalsozialisten in Shanghai, wo wegen des Status einer internationalen Niederlassung kein Einreisevisum erforderlich war, Zuflucht fand. Ich möchte ihn kurz erwähnen.

4.1.2 Adolf Joseph Storfer: Emigrant und psychoanalytischer Gelehrter

Silvester 1938 kam Adolph Joseph Storfer (1888–1944) auf einem Auswandererschiff in seinem Exil in Shanghai an. Als Jude in Rumänien geboren, war er eine vielseitig begabte und geistreiche Persönlichkeit. Er war Schriftsteller, Philosoph, Linguist und wohl auch Bohemien. 1913 war er aus Zürich, wo er als Journalist gearbeitet und Jura studiert hatte, nach Wien gekommen. Bereits 1910 hatte er Freud eine Arbeit »Zur Sonderstellung des Vatermords« geschickt, nun suchte er den persönlichen Kontakt. Er wurde Mitglied der *Wiener Psychoanalytischen Vereinigung* und Herausgeber verschiedener psychoanalytischer Zeitschriften. Wahrscheinlich machte er eine Analyse bei Freud (Schulz-Strasser, zit. b. Blowers 2004). 1925 übernahm er die Leitung des Internationalen Psychoanalytischen Verlages. Er hatte jedoch keinen Geschäftssinn und seine Unternehmungen gerieten häufig in finanzielle Schwierigkeiten. Dies belastete seine Beziehung zu Freud und zwang ihn 1932, sich aus seiner Tätigkeit als Herausgeber zurückzuziehen. Bis zu seinem Gang ins Exil im Jahr 1938 war er als freier Journalist für die *Frankfurter Zeitung* tätig, behielt aber gute Kontakte zu Wiener Analytikern. Seine beiden Werke *Wörter und ihre Schicksale* (Zürich, 1935) und *Im Dickicht der Sprache* (Wien, 1937) wurden hoch gelobt und sind 2002 neu verlegt worden (Bremm 1990; Blowers 2004).

Bereits fünf Monate nach seiner Ankunft in Shanghai erschien die erste Ausgabe seiner deutschsprachigen Zeitschrift *Gelbe Post*. Neben unterschiedlichen Beiträgen, unter anderem über kulturelle Ereignisse in Shanghai, chinesische Literatur, Portraits chinesischer Politiker, Informationen über die Ankunft deutscher Schiffe sowie Rezensionen, war er besonders daran interessiert, psychoanalytische Beiträge zu veröffentlichen. Es findet sich auch ein bereits 1927 in englischer Sprache verfasster und von Storfer kommentierter Beitrag »Zur Psychoanalyse der chinesischen Schrift« (McCartney 1927). In einem Nachruf, den der Analytiker Fritz Wittels 1945 auf ihn verfasste, lobt dieser das hohe literarische Niveau der *Gelben Post*, wenngleich er auch zu bedenken gibt, dass sich nur wenige der Intellektuellen in der Exilsituation für Psychoanalyse interessiert haben dürften. So kam es dann auch zu finanziellen Problemen und der Idealist Storfer konnte seine Zeitschrift nicht mehr halten. Trotz Unterstützung aus den USA musste er sie 1940 an seinen Konkurrenten, den Herausgeber des *Shanghai Jewish Chronicle*, verkaufen. Er war noch einige Zeit als deutschsprachiger Korrespondent für einen englischen Sender tätig, seine Verhältnisse und die seiner Schicksalsgenossen verschlechterten sich jedoch erheblich nach der Besetzung Shanghais durch die Japaner, die mit den Deutschen verbündet waren. Er flüchtete nach Australien, wo er in großem Elend gelebt haben soll. Am 2. Dezember 1944 starb Storfer im Alter von 56 Jahren an Leukämie (Bremm 1990; Blowers 2004).

Storfer hatte für die Entwicklung der Psychoanalyse in China zwar keine Bedeutung, gehört aber zur ersten Generation der Intellektuellen, die sich insbesondere als Herausgeber psychoanalytischer Texte einen Namen gemacht haben. Deshalb hat er, auch wegen der tragischen Aspekte seines Lebens, ein Anrecht darauf, nicht vergessen zu werden.

4.1.3 Das Verschwinden der Psychoanalyse

Nachdem Dai 1939 China verlassen hatte, dauerte es 40 Jahre, bis die Psychoanalyse wiederbelebt wurde.

Die politischen Ereignisse vor der Gründung der Volksrepublik, der Chinesisch-Japanische Krieg und der ebenso grausame Bürgerkrieg zwischen den Anhängern der Kuomintang und der Roten Armee ließen die Modernisierung der psychiatrischen und psychotherapeutischen Versorgung zum Stillstand kommen.

Anfang der 50er Jahre wurden die westlich orientierte Psychiatrie, Psychologie und Psychotherapie in China »zwangsweise sowjetisiert« (Riedel 2001). Wie alle Wissenschaften wurde auch die Psychotherapie auf eine dialektisch-materialistische Grundlage gestellt. Die Theorien Pawlows, dem russischen Physiologen und Nobelpreisträger, der auch psychische Phänomene aus der Reflexphysiologie abgeleitet hatte, wurden für das Verständnis körperlicher und auch seelischer Prozesse zur führenden Lehre. Aus ihr entwickelte sich die behavioristische Lerntheorie. Auch die Therapie der Neurosen, insbesondere der Neurasthenie, geschah nach der Pawlow'schen Lehre (vgl. ebd., S. 20). Psychoanalyse galt als antimaterialistisch, reaktionär und idealistisch, die Bedeutung der Sexualität in ihrer Theorie wurde als vulgär und schmutzig angesehen.

1958 fand die erste Nationale Konferenz für Prävention und Behandlung psychischer Krankheiten in Nanjing statt. In der Einführungsrede erklärte der stellvertretende Gesundheitsminister He Biao, dass psychischen Störungen durch die Einführung des Sozialismus weitgehend der Boden entzogen worden sei:

> »In unserem Land führen die Menschen dagegen (im Vergleich zu kapitalistischen Staaten) ein friedliches und glückliches Leben, haben sich von alten Denkschemata befreit, fühlen sich wohl, widmen sich lebhaft dem Aufbau des Sozialismus und schaffen (sich dadurch) ein noch glücklicheres Leben; dies reduziert in hohem Maße die Wahrscheinlichkeit des Entstehens von psychischen Krankheiten« (ebd., S. 23).

Mit der Kulturrevolution kam es zu einer verschärften ideologischen Radikalisierung. Psychopathologie wurde verstärkt als Ausdruck falschen Klassenbewusstseins gesehen. Patienten diffamierten Psychiater, die sie nach der alten »westlichen« Methode behandelten. 1970 wurde in Hunan von einer Armeedelegation bestimmt, dass psychisch Kranke nur noch durch »Maos Gedanken« behandelt werden sollten (Wang Z. 2007; vgl. auch Kapitel 1). Sowohl die Therapeuten als auch ihre Patienten wurden in der Öffentlichkeit stark diskriminiert. Die Selbstmordrate in dieser Berufsgruppe war hoch (Gerlach/Haag 1999). Viele Psychiater wechselten ihren Beruf.

Wie schon anfangs beschrieben, war es gefährlich, psychoanalytische Schriften zu besitzen – oder zu lesen. Es war Ausdruck einer »antirevolutionären« Haltung, die verfolgt und bestraft wurde. Manche Bände der Werke Sigmund Freunds und seiner Nachfolger wurden heimlich verbrannt oder in Flüssen versenkt.

4.2 Neuanfang

Nach Maos Tod und der offiziellen Beendigung der Kulturrevolution 1976 sah sich China mit der Rückständigkeit und Isoliertheit seiner psychologischen, psychiatrischen und psychotherapeutischen Lehr- und Versorgungseinrichtungen konfrontiert. 1978 wurde an der Pekinger Universität erstmals wieder ein Lehrstuhl für Psychologie eingerichtet, psychiatrische Kliniken und Forschungsmöglichkeiten wurden ausgebaut und modernisiert, insbesondere seit 1980 mithilfe der Weltgesundheitsorganisation. Wissenschaftlicher Austausch mit dem Ausland wurde für das auch intellektuell verelendete und dezimierte China möglich und notwendig.

1983 fuhr erstmals eine kleine Delegation deutscher Analytiker nach Kanton, um dort Vorlesungen zu halten. Ein Mitglied war Alf Gerlach, der sich bis heute intensiv für die psychoanalytische Ausbildung chinesischer Psychologen und Psychiater engagiert. 1988/89 besuchte eine Gruppe von 38 europäischen Analytikern verschiedene psychiatrische Kliniken. Die Holländerin Hendrika Halberstadt-Freud berichtet über diese Reise sehr anschaulich, wenngleich auch ernüchtert über die Zustände in den Kliniken. Sie beklagt das mangelnde Interesse der psychiatrischen Kollegen an den krankmachenden Bedingungen ihrer Patienten. Sie hat damals kein Interesse an der Psychoanalyse feststellen können (Halberstadt-Freud 1991).

Dennoch gab es zu dieser Zeit auch chinesische Pioniere, die sich schon in den 80er Jahren für die Psychoanalyse in China einsetzten.

Huo Datong wurde in Frankreich in der Lacan-Schule ausgebildet und hat in China viele Anhänger. Er lebt in Chengdu in der Provinz Sichuan, wo er an der Universität lehrt und ein Zentrum für Psychoanalyse leitet. Einer seiner Schwerpunkte ist die Erforschung des Zusammenhangs zwischen dem Unbewussten und chinesischen Schriftzeichen (Kracke 2004).

Zhong Youbin, ein führender Psychiater aus Beijing, der 2009 verstarb, wandte sich der Freud'schen Analyse zu, nachdem er sich von den in den 50er und 60er Jahren propagierten, von Pawlow abgeleiteten Theorien und Therapien enttäuscht sah. Er machte – wie Freud – eine »Selbstanalyse« und ließ einige elementare psychoanalytische Ideen in seine therapeutische Technik einfließen. So führte er aktuelle Probleme seiner Patienten auf ihre frühen Erlebnisse zurück, wobei er auch Familienangehörige als Erinnerungshelfer einbezog. Der Kern seiner Psychotherapie liegt darin, dem Patienten zu erklären, dass psychische Schwierigkeiten ihre Wurzeln in der Kindheit haben und somit für Erwachsene nicht mehr angemessen seien. Sein erstmals 1979 auf einem Symposium für medizinische Psychologie in Beijing vorgestellte *kognitive Einsichtstherapie* (Riedel 2001, S. 95) wurde auch *Chinesische Psychoanalyse* genannt (Tung 1991). Sein therapeutischer Zugang geht über eine strukturierte und gelenkte Einsicht. Emotionale und unbewusste Aspekte kommen weniger zum Tragen (ebd.), obwohl Zhong eine Vielzahl psychoanalytischer Konzepte akzeptierte. Seine Vorstellung, dass durch starke psychische Belastungen, die durch familiäre, politische, sexuelle oder andere Probleme hervorgerufen wurden, alte, aus der Kindheit rührende Spuren wiederbelebt werden, ist sicher für seine Zeit bemerkenswert (vgl. Riedel 2001).

Wie ich bereits zu Beginn beschrieben habe, waren wir, als wir 1988 einen Psychotherapie-Workshop in Kunming in der Provinz Yünnan anboten, von der Begeisterung unserer Kollegen überwältigt. Nachdem wir 1990 und 1994 zwei weitere, intensive Kurse in der Volksrepublik durchgeführt hatten, wurde der Wunsch nach einer regulären Ausbildung laut. So begannen wir 1997 ein dreijähriges kontinuierliches Ausbildungsprogramm für psychoanalytisch orientierte Therapie, Familientherapie und Verhaltenstherapie mit an deutschen Standards orientierten Curricula.

Zu unserer Überraschung hatten sich die meisten Ausbildungskandidaten um einen Platz bei der psychoanalytisch orientierten Psychotherapie beworben. War das eigentlich in Anbetracht der großen Unterschiede in den kulturellen Prämissen sinnvoll? Auch bei uns hat die Psychoanalyse nach ihren Beschränkungen während der Nazizeit und nach einer Zwischenphase des Aufbaus in den 60er Jahren als aufklärerische Wissenschaft und Therapiemethode großen Einfluss auf das geistige Leben ausgeübt. In einem 1990 verfassten Aufsatz beschreibt Huo Datong, wie die chinesischen Intellektuellen nach jahrzehntelangem Leiden mit dem Verlust aller Identifikationsmuster auf der Suche nach neuen Ufern gewesen seien, einer Suche, die mit einem großen Interesse an westlichem Denken und westlichen Lebensformen einhergegangen sei.

Das Interesse an psychoanalytisch orientierter Psychotherapie hält bis heute an. Es ist das Verdienst meines Kollegen Alf Gerlach, bis heute – gemeinsam mit anderen deutschen Psychoanalytikern – Lehrgänge anzubieten, die großen Zuspruch finden. Derzeit (im Jahr 2010) nehmen insgesamt 224 Psychiater und Psychologen an der Ausbildung teil. Die Kurse erstrecken sich über drei Jahre und umfassen insgesamt 30 Unterrichtstage.

Die Deutschen sind nicht die Einzigen, die psychoanalytisch-psychotherapeutische Kompetenz vermitteln. Ein ähnliches Programm ist von norwegischen Kollegen (Sverre Varvin) entwickelt worden, eine argentinischer Psychoanalytikerin (Theresa Yuan) hat ebenfalls Pionierarbeit geleistet. Inzwischen hat die *Internationale Psychoanalytische Vereinigung* ihr Interesse an der Entwicklung der Psychoanalyse in China bekräftigt und ein *Allied Center for Psychoanalysis* gegründet. Im Oktober 2010 fand in Peking der erste psychoanalytische Kongress unter der Schirmherrschaft der *Internationalen Psychoanalytischen Vereinigung* unter dem Titel *Freud und China* statt.

Das ist eine erstaunliche Entwicklung, die der Frage, ob die westliche Psychoanalyse mit der chinesischen Kultur überhaupt kompatibel sei, den Wind aus den Segeln zu nehmen scheint.

Ich möchte im folgenden Abschnitt zur »Kompatibilitätsfrage« aus eigener Anschauung Stellung nehmen.

4.3 China und Psychoanalyse?

Wenn ich Freunden oder Kollegen von meiner Tätigkeit in China erzählte, verzog sich meistens ihr Gesicht zu einem ungläubigen Staunen. Ja, ist es denn möglich, eine Theorie über die menschliche Psyche, die so fest und eindeutig in der westlichen Kultur verwurzelt ist, in eine uns so fremde Lebenswelt zu transplantieren? Ist eine Verständigung auf einer tiefen seelischen Ebene überhaupt möglich? Besonders kritische Stimmen sprachen gar von kulturellem »Imperialismus« oder verglichen uns mit Geschäftsleuten, die den chinesischen »Markt« gewinnbringend erobern wollten, umso mehr, als die Psychoanalyse es derzeit, zumindest als Therapiemethode, hierzulande schwer hat, sich zu behaupten.

Ähnliche Skepsis findet sich auch schon früher: Werner Münsterberger publizierte 1982 in der Zeitschrift *Psyche* eine Arbeit, in der er eine 35 Jahre vorher durchgeführte, letztlich erfolgreiche Analyse mit einem Exilchinesen, einem ehemaligen Kuomintang-Offizier, beschreibt. Er diskutiert das Für und Wider transkultureller Analysen und berichtet in diesem Zusammenhang von einem Gespräch mit seinem Kollegen Ernst Kris, der Analysen mit Menschen aus dem asiatischen Kulturkreis kategorisch mit der Bemerkung ablehnte: »Ich kenne das Ich dieser Leute nicht« (Münsterberger 1982, S. 866).

Die Diskussion, inwieweit man Psychoanalyse als Humanwissenschaft und Therapie in nicht westlichen Kulturen anwenden kann, ist immer wieder problematisiert worden. George Devereux spricht von einem ethnischen Unbewussten. Dieses habe ein Individuum mit der Mehrzahl der Mitglieder seiner Kultur gemein und impliziere bestimmte kulturspezifische Konflikte. Jede Kultur gestatte gewissen Fantasien, Trieben und anderen Manifestationen des Psychischen den Zutritt und das Verweilen auf bewusstem Niveau und verlange, dass andere verdrängt würden (vgl. Devreux 1974, S. 23).

Im ersten Kapitel habe ich immanente chinesische Haltungen und Einstellungen beschrieben, die dem westlichen Besucher begegnen und ihn gelegentlich auch verwirren. Es ging um Abgrenzung, um Kommunikation, um Schamangst und um Selbstkonzepte, die, viel ausgeprägter als bei uns Westeuropäern, die Bezugsgruppen mit einbeziehen. Alle diese Phänomene sind die Folgen und der Ausdruck einer jahrtausendealten kollektivistisch-konfuzianischen Tradition, die den Mutterboden für diese Besonderheiten darstellt. Wie sich diese kulturellen Merkmale in der therapeutischen Situation manifestieren, soll Gegenstand der folgenden Ausführungen sein.

4.3.1 Der Rahmen, Neutralität und Abstinenz

Grundpfeiler der psychoanalytisch orientierten Behandlungstechnik sind – neben den frei kommunizierten, also unzensierten Einfällen – ein verlässlicher zeitlicher und örtlicher Rahmen und die neutrale Haltung des Therapeuten, die den Verzicht auf eine unmittelbare Befriedigung der Wünsche des Patienten einschließt. Freud fordert: »Die analytische Kur soll, soweit es möglich ist, in der Entbehrung – Abstinenz – durchgeführt werden« (1918, S. 187). Der auch für hiesige junge Therapeuten oft schwer zu bewältigende Widerspruch in seiner Rolle besteht darin, dass es sich in der therapeutischen Beziehung einerseits um eine sehr intime und exklusive Situation handelt, andererseits zwischen ihm und seinem Patienten aber Distanz gehalten werden muss. Diese Distanz, die durch eine neutrale Haltung des Therapeuten ermöglicht wird, wird geradezu zur Bedingung dafür, dass die Situation so persönlich ist. Die Zurückhaltung des Therapeuten, sein Verzicht auf Be- oder Verurteilungen und Parteinahme sind die Voraussetzung dafür, dass eine für den Patienten angstfreie Kommunikation möglich ist. Dabei ist eine wohlwollende, unterstützende Grundhaltung dem Patienten gegenüber, das für den Patienten spürbare Bemühen um Verständnis, die unabdingbare Basis, auf der die Therapie stattfindet.

In Kapitel 1.2 habe ich meine Beobachtungen zum spezifisch chinesischen Umgang mit Grenzen dargelegt. Je weiter sich die Grenzen in der Gesellschaft nach innen verlagern, also zum einzelnen Menschen hin, desto durchlässiger werden sie. Innerhalb der Familie und auch der engeren Bezugsgruppen sehen wir, dass die Ränder der psychischen Räume unscharf und fließend werden, anders als im Westen, wo die Betonung des Individuellen und Eigenständigen im Vordergrund steht. Das soziale Netzwerk, das in China eine starke Bezogenheit und wechselseitige Abhängigkeit der Menschen untereinander bedingt, kann jedoch für die psychoanalytische Behandlung zu einem Problem werden.

Ich habe es häufiger erlebt, dass meine chinesischen Kollegen in Konflikte gerieten, wenn sie von Freunden oder Bekannten gefragt wurden, ob sie nicht einen ihrer Angehörigen in Behandlung nehmen könnten. Eine Absage oder Verweisung an andere Kollegen war ein Affront, der schwer verständlich gemacht und mit dem Primat harmonischer Beziehungen nicht in Einklang gebracht werden kann. Dass die Konflikte noch größer werden können, wenn sich das Private mit dem Beruflich-Professionellen mischt, ist für die Kollegen oft erst nachvollziehbar, wenn sie damit Erfahrungen gemacht haben und den Vorteil einer neutralen Haltung sehen können.

Ähnlich ist es, wenn Angehörige von Patienten sich dankbar erweisen möchten und – auch während einer laufenden Behandlung – den Therapeuten zu einem Essen einladen oder Geschenke, meistens in Form von Geld, machen möchten. Diese Gratifikationen zurückzuweisen, gilt in China als Beleidigung. Das kann Therapeuten in Konflikte bringen, die oft schwer auszuhalten sind. Sie sind einerseits ihrem Berufsethos, das Distanz zum Patienten verlangt, verpflichtet, andererseits dem Gebot ihres kulturell verankerten Codex: Eine Zurückweisung hat Gesichtsverlust für denjenigen, der seine Dankbarkeit ausdrücken möchte, zur Folge.

Eine psychoanalytisch orientierten Psychotherapie kann auch aus anderen Gründen bedrohlich wirken: Sie ist exklusiv, besteht nur zwischen zwei Menschen und ist einer Gesellschaft, in der die gruppenorientierte Tradition das Zusammenleben bestimmt, fremd. So gibt es auch gelegentlich Einmischungen, zum Beispiel, wenn Eltern glauben, dem Therapeuten bestimmte, vermeintlich wichtige Informationen geben zu müssen – oder auch ihre Unzufriedenheit mit dem therapeutischen Erfolg äußern.

Aus diesen Beispielen lässt sich ablesen, dass die Einhaltung des therapeutischen Rahmens für chinesische Kollegen, die psychoanalytisch arbeiten wollen, mit Fährnissen verbunden ist. Diese sind mit den Grundprinzipien ihrer Kultur nicht selbstverständlich vereinbar und erfordern Mut.

Nicht nur die Einhaltung des äußeren Rahmens kann zu kulturell determinierten Schwierigkeiten führen. Ich wende mich jetzt, anknüpfend an Kapitel 1.2.4, dem inneren, dem psychischen Raum zu.

4.3.2 Introspektion, Empathie und Übertragung

Voraussetzung für die im Folgenden beschriebenen zentralen Momente für eine psychodynamisch orientierte Psychotherapie ist die Fähigkeit zur »Ichspaltung« sowohl aufseiten des Patienten als auch aufseiten des Therapeuten.

Der kosmopolitische, aus Indien stammende Psychoanalytiker Sudhir Kakar hat die kulturhistorischen Wurzeln der Psychoanalyse aufgezeigt. Diese seien in einer bis in die Antike zurückreichenden und im Zeitalter der Aufklärung erneuerten Betonung von Selbsterkenntnis und Selbstverwirklichung zu begreifen. So könne das delphische »Erkenne dich Selbst« als die geistige Matrix für einsichtsorientierte Psychotherapieformen angesehen werden. Introspektion bzw. *psychological mindedness* seien Errungenschaften, die sich aus der philosophischen Tradition des Westens entwickelt hätten (Kakar 1985, S. 443). Introspektion hat jedoch in China keine Tradition. Dies ist ein Grund, weshalb auch einheimische Psychiater meinen, dass die Übernahme dieser Art westlicher Therapie für China problematisch sein könne (Lin 1983, zit. n. Ng 1985, S. 449). In einer transkulturell durchgeführten Studie an College-Absolventen fanden sich sowohl bei Amerikanern asiatischen Ursprungs als auch in einer Stichprobe von Studenten der Volksrepublik China (N = 342) statistisch signifikant niedrigere Werte auf einer »Psychological Minded Scale« (Hua et al. 2007).

Bei der *Introspektion* geht es darum, sich selbst zum Objekt seiner Beobachtung zu machen – und so mit sich selbst zu kommunizieren. Man schaut sich in seinem Erleben und Empfinden gleichsam selbst zu, teilt sich in ein erlebendes Subjekt und ein beobachtetes Objekt. Die Fähigkeit zur Introspektion wird für tiefenpsychologische Psychotherapieformen in aller Regel vorausgesetzt. Sie ist ein wichtiger Faktor für die Indikationsstellung, aber auch für die Prognose einer Behandlung. Gleiches gilt für den damit einhergehenden Wunsch, die innerseelische Motivation, an sich zu arbeiten und dysfunktionale Einstellungen und Verhaltensweisen zu ändern. Falls Introspektion oder eine innere Motivation fehlt, muss von therapeutischer Seite versucht werden, sie gemeinsam mit dem Patienten zu entwickeln und die Widerstände, die ihr entgegenstehen, aufzulösen. Dies ist oft nicht einfach und setzt den Möglichkeiten, erfolgreich psychoanalytisch zu behandeln, Grenzen. In diesem Fall sollte der Therapeut sich zu einer Behandlung entschließen, in der unterstützende Elemente den Vorrang vor einem einsichtsorientierten, Unbewusstes aufdeckenden Vorgehen haben.

Bei der *Empathie* geht es um Kommunikation mit den Emotionen des Anderen, im Falle einer Therapie auch solchen, die dem Patienten nicht unbedingt bewusst sind. In einer therapeutischen Beziehung ist es nötig, vorübergehend gleichsam in die Schuhe des Patienten zu schlüpfen und sich passager mit ihm zu identifizieren, ohne sich selbst dabei zu verlieren, wie dies häufig beim Mitleid der Fall ist. Auch bei der Empathie ist eine »Ichspaltung« nötig. Diese zu erreichen ist nicht einfach, weil wir häufig im Patienten etwas Eigenes wiederfinden, Aspekte unseres eigenen Lebens, unseres Leidens, unserer Hoffnungen und Träume. Oder wir finden Merkmale, die wir ablehnen und in uns selbst bekämpfen: Schwächen, bestimmte Haltungen oder Wertvorstellungen, die zu unserem eigenen Selbstbild nicht passen, von denen wir nichts wissen wollen. Dies kann eine konstruktive therapeutische Arbeitsbeziehung stören (vgl. Basch 1983, S. 119). Insbesondere für weniger erfahrene Therapeuten kann die Gefahr, sich ganz mit dem Patienten zu identifizieren oder ihn eventuell auch abzulehnen, groß sein, weshalb das Korrektiv einer Supervision durch erfahrenere Kollegen unbedingt erforderlich ist.

In meiner Arbeit mit den chinesischen Kollegen habe ich häufig festgestellt, dass sie bei der Wahl der Patienten, die sie in Psychotherapie nahmen, keine sorgfältige Indikationsstellung, nämlich eine differenzierte Abwägung, welche Therapieform die geeignete sei, vornahmen. Wenn die Patienten eine psychoanalytisch orientierte Therapie wünschten, bekamen sie diese – ohne dass eine solche immer die beste Wahl gewesen wäre. Mein Bemühen, mit den Kollegen eine gewissenhafte Diskussion des Für und Wider einer einsichtsorientierten Behandlungsform zu führen, stieß nicht immer auf Verständnis. Als ich im Fallseminar immer wieder mit Patienten konfrontiert wurde, bei denen die Behandlung nicht griff, bekam ich den Eindruck, dass es sich hier um ein tiefer liegendes Problem handeln müsse.

Ich habe in Kapitel 1.2.4 die im Vergleich zur westlichen sehr unterschiedliche Konfiguration des ostasiatischen, das heißt *interdependenten* Selbst (Markus/Kitayama 1991) als Resultat einer kollektivistisch-konfuzianischen Sozialisation diskutiert, das darüber hinaus durch das daoistische Erbe geprägt ist (Peng/Nisbett 1999; Peng et al. 2006). Das Primat harmonischer Beziehungen erfordert ein bewegliches Selbst, das sich den Erwartungen und den jeweiligen Bedürfnissen der Bezugsgruppe, sei es den Familienangehörigen oder den Arbeitskollegen, anpasst, sich also *nicht* individualisierend abgrenzt. Das bedeutet auch, dass aus westlicher Sicht empfundene Widersprüche und Unvereinbarkeiten problemlos akzeptiert werden. Die inneren Spannungen, die bei uns im Westen, die wir an Klarheit, Synthese und Lösungen von Gegensätzlichkeit orientiert sind, auftreten können, wenn wir auf uns Unverständliches, für uns nicht Nachvollziehbares stoßen, treffen wir kaum an. Je nach Situation nehmen Chinesen wechselnde Rollen ein, wenngleich das jeweilige Verhalten in diesen kontextabhängigen Rollen stabil ist. Das Selbst ist also flexibel und wird sich den Bedürfnissen entsprechend »geschneidert«. Die jeweilig zu unterschiedlichen Menschen entwickelten Beziehungsmuster bleiben dabei jedoch in sich konsistent, sie vermitteln Sicherheit und ermöglichen einen unkomplizierten, spannungsfreien Umgang (English/Chen 2007). Möglicherweise ist eine Spaltung, wie sie für die beschriebenen therapeutischen Prozesse bei einer einsichtsorientierten Behandlung nötig sind, für chinesische Therapeuten aus kulturimmanenten Gründen schwerer zu bewerkstelligen als für solche, die aus einer traditionell stärker individualisierten Kultur kommen.

Nach meiner Erfahrung kann eine große psychische Flexibilität – unabhängig von der Frage des Rahmens, die ich im letzten Abschnitt thematisiert habe – auch Schwierigkeiten mit sich bringen. Die Verbundenheit der Menschen untereinander, ihre Interdependenz, die Nähe zwischen dem Selbst und dem Anderen mit den beweglichen, vielleicht auch oft durchlässigen Grenzen, erschwert empathisches Verstehen. Der Identifikationssog ist stark, und es ist schwer, ihm zu widerstehen. Die notwendigerweise nur *vorübergehende* Identifikation bleibt bestehen. So habe ich es häufiger erlebt, dass Therapeuten zwischen ihren eigenen Wünschen nach Zuneigung, Sicherheit, Versorgung, Anerkennung und denen ihrer Patienten nur schwer unterscheiden konnten oder diese in die Patienten hineinprojiziert hatten. Ich war gelegentlich verwirrt, weil ich nicht wusste, ob die Kollegen bei ihren Fallpräsentationen von sich oder ihren Patienten sprachen und so gelegentlich an der Wirklichkeit ihrer Patienten vorbeigingen (vgl. auch Kapitel 1.3).[5] Handelte es sich um negative Gefühle oder ablehnende Reaktionen der Patienten, die in der Therapie zum

5 Ich möchte in diesem Zusammenhang betonen, dass eine solche Vermischung auch bei westlichen Kandidaten für die psychoanalytische Ausbildung anfangs häufig vorkommt. Nach meiner Erfahrung ist es aber in der Supervision einfacher, dies zu diskutieren. In China ist es schwer, die kulturbedingte Befangenheit (»Betriebsblindheit«) bei diesem Problem aufzulösen.

Ausdruck kamen, war es oft ebenfalls schwer für die Kollegen, diese nicht als auf ihre Person bezogen zu erleben, sie auf ihre Ursprünge zurückzuführen und verstehend zu bearbeiten. Manchmal wurden die Therapien kurzerhand für beendet erklärt – oder dem Patienten wurde empfohlen, sich einen anderen Therapeuten zu suchen –, ohne dass eine ausreichende Analyse der Beziehungsstörung erfolgt wäre.

Auch für die Handhabung von *Übertragungsphänomenen* ist eine »therapeutische Ichspaltung« notwendig. Der Therapeut muss bei seinen Patienten zwischen den in ihn projizierten Aspekten, die aus alten, kindlichen Beziehungsmustern herrühren und in der Therapie wieder auftreten, und denen, die seine »reale« Person betreffen, unterscheiden. Das Erkennen einer Übertragung ist nicht immer leicht. Vor einem konfuzianisch eingefärbten Hintergrund, so scheint mir, müssen die besonderen kulturellen Beziehungskonfigurationen berücksichtigt werden.

Ich nenne hier einige Beispiele, die eine psychoanalytisch orientierte Behandlung im eigentlichen Sinne erschweren können (vgl. Xiao 2008): Um eine harmonische Beziehung aufrechtzuerhalten, ist das Ansprechen von Konflikten oder negativer (Übertragungs-)Gefühle dem Therapeuten gegenüber für den Patienten problematisch. Patienten möchten nicht respektlos sein, vielleicht, um sich die Sympathie des Therapeuten nicht zu verscherzen, oder, und das ist in diesem Zusammenhang noch wichtiger, weil ihr kultureller Codex der Kindestreue diesen Respekt verlangt. Obwohl ich für meine chinesischen Schüler und Patienten sicher vieles Befremdliche, sie Verstörende gesagt habe, habe ich kaum ein kritisches Wort oder gar einen Protest gehört. Sie werden möglicherweise unter sich kritisch über das diskutiert haben, was sie mit mir erlebt haben, aber ich habe davon nichts erfahren. So bleibt es zunächst auch ungewiss, ob die lang andauernde Idealisierung, die Lehrer und Therapeuten in China erleben (vgl. Schlösser 2009), aus wirklicher (und oft realitätsverleugnender) Bewunderung und Begeisterung zu verstehen ist – oder ob sie ihnen gleichsam in die konfuzianische Wiege gelegt wurde.

Patienten haben hohe Erwartungen an den in ihrer Fantasie oft mit großer Macht ausgestatteten Therapeuten, der nicht selten die versorgende Mutter repräsentiert, die für das Wohlbefinden verantwortlich ist. Dies unterscheidet sie nicht von vielen westlichen Patienten in ihren Vorstellungen über Therapie. Die Unterschiede liegen in der Handhabung dieser (kindlichen) Erwartungen: Der westliche Therapeut setzt behutsam Grenzen und richtet seine Aufmerksamkeit darauf, die gesunden Ressourcen des Patienten zu stärken und so seine Eigenständigkeit zu fördern. Ein solches therapeutisches Vorgehen ist für viele chinesische Patienten mit ihren Erwartungen nach Führung und Versorgung frustrierend und oft enttäuschend. Die Patienten zu enttäuschen, ist auch für die Therapeuten nicht einfach: Sie reagieren mit Schuldgefühlen (Xiao 2008), wenn sie die Wünsche ihrer Patienten nicht erfüllen und mit ihren eigenen Gefühlen von Hilflosigkeit nicht umgehen können. Hier kommt es dann leicht zu den bereits beschriebenen Problemen bei der Einhaltung der Abstinenz.

In dem gerade beschriebenen Komplex wird die Grundproblematik eines Transfers psychoanalytisch orientierter Therapieformen besonders deutlich. Das für den westlichen Therapeuten definierte Behandlungsziel eines Gewinns an Eigenständigkeit sowie Angst- und damit Handlungsfreiheit muss in einer Kultur, die der Gemeinschaft den höheren Wert beimisst als dem Individuum, zunächst als fremd angesehen werden.

4.3.3 Die »Ah-Q-Mentalität«

Ein weiteres Problem ist die bereits in Kapitel 1.5 beschriebene »Passivität«, das Warten darauf, dass sich Dinge von selbst regeln oder dass eine Person, die in der Hierarchie eine höhere Position einnimmt, Verantwortung übernimmt. Für westliche Therapeuten, die gelernt haben, ihre Patienten zu ermutigen, aktiv psychische Probleme anzugehen, ist es zunächst befremdlich, zu erleben, dass Chinesen dazu neigen, Dinge so zu akzeptieren, wie sie sind (Cheung et al. 2005). Verschiedene Autoren (Tseng 1995, 2005; Cheung et al. 2005; Xiao 2008) haben auf einen spezifischen Mechanismus zur Konfliktbewältigung hingewiesen, der für Menschen aus der chinesischen Kultur typisch ist: die *passive Rationalisierung*. Als literarisches Vorbild gilt die Figur des Ah-Q, dessen »wahre Geschichte« der große Schriftsteller Lu Xun in Form einer Satire auf den chinesischen Nationalcharakter 1921 beschrieben hat (Lu 1994). Der Tagelöhner Ah-Q, ein armer Tropf, erlebt in dieser Geschichte allerlei Niederlagen und Demütigungen, ohne dass er seinen Zorn darüber äußert. Er ist sogar in der Lage, diese Schlappen (rationalisierend) für sich als Sieg zu verbuchen. Er tut nichts, um zur Verbesserung seiner Situation beizutragen. Auch wenn er geprügelt wird, geht er »völlig befriedigt und siegreich davon« (ebd., S. 112).

Auch wenn diese Satire jetzt 90 Jahre alt ist, wird das Verhalten ihres Protagonisten immer noch als etwas »typisch Chinesisches« angesehen. In einem 1996 entwickelten und 2001 neu standardisierten psychologischen Fragebogen zur Messung kulturtypischer Persönlichkeitsmerkmale wurde die »Ah-Q-Mentalitätsskala« eingeführt (Chinese Personality Assessment Inventory 1 und 2, Cheung et al. 2005). Sie misst eine psychische Abwehrformation, die durch eine passive Problembewältigung gekennzeichnet ist.

In meiner Arbeit als Supervisorin und Lehrtherapeutin brachte mich diese Zurückhaltung, das Warten darauf, dass etwas geschieht, bei einem Teil meiner Schüler in Schwierigkeiten. Diese Inaktivität zeigte sich nicht selten in der Form, dass sie sich nicht, wie es nötig gewesen wäre, auf bestimmte Themen im Unterricht oder in den Selbsterfahrungssitzungen vorbereitet hatten. Sie überantworteten mir die Klärung und auch die Lösung ihrer Fragen. Sie sahen mich einfach erwartungsvoll an, so als müsste ich wissen, was für sie das Richtige sei. Nicht selten gaben sie ihre abwartende Haltung auch selbst als Problem an, nicht nur in der therapeutischen Situation, sondern auch in anderen, privaten und beruflichen Zusammenhängen. Dies war für mich schwer nachzuvollziehen. Die fehlende Initiative und Neugier war auch insofern für mich problematisch, als die Kollegen bestimmte Fragen, die in den Selbsterfahrungssitzungen auftauchten, in ihrer Lebenspraxis nicht »validiert« hatten. War zum Beispiel das Bild, das sie sich von ihrem Partner gemacht hatten, richtig oder etwa durch projektive Fantasien verzerrt? Warum war der Vater während der Kindheit so lange abwesend gewesen? Was war der Grund dafür, dass die Eltern die Erziehung an die Tante weitergegeben hatten? Wenn ich die Vorstellung hatte, dass die Gespräche mit mir zu einer gewissen neuen Perspektive geführt hatten, so wurde dies nicht unbedingt in einer Modifizierung von Einstellung oder Verhalten eingelöst. Ich ging als Therapeutin gewissermaßen leer aus – ohne dass ich Unzufriedenheit bei meinen Kollegen in meiner Funktion als Lehrtherapeutin wahrnahm. Eine sich aus dieser Konstellation ergebende Unsicherheit verführte mich im Gegenzug zu größerer Aktivität. Ich ertappte mich dabei, wie ich Vorschläge machte, Ratschläge gab oder Verhaltensalternativen entwarf – alles natürlich aus meiner westlichen Perspektive. Ich spürte zwar, dass in den Begegnungen mit diesen Kollegen Welten aufeinanderprallten, und mahnte mich zu Geduld, doch ich brachte sie nicht immer auf.

Diese Erfahrungen waren häufig, jedoch nicht durchgängig. Es gab auch Kollegen, mit denen ich einfacher und produktiver arbeiten konnte. Sie waren interessiert, offen und auch dankbar dafür, dass sie die Gelegenheit hatten, nie ausgesprochene – oft auch nicht erkannte – und unbewusste Facetten ihres Daseins mit mir zu erarbeiten. Dabei handelte es sich auch um problematische oder traurige Aspekte, wie zum Beispiel das neu gewonnene Verständnis für liebloses, verbittertes Verhalten der Eltern, deren Lebensgeschichten noch ganz unter dem Bann der historischen Katastrophen standen. Diese neuen Erkenntnisse waren ebenso bewegend wie befreiend.

Gerade das so unterschiedliche Verhalten meiner chinesischen Kollegen lässt Psychoanalytiker auf die Idee kommen, dass es sich bei dem zuerst beschriebenen Muster um einen Widerstand gegen die therapeutische Arbeit handeln könnte. Dies kann aus westlicher Sicht auch so gesehen werden. Dennoch müssen wir immer wieder im Auge behalten, dass eine derart unterschiedliche Kultur ihre spezifischen psychischen Mechanismen entwickelt, die mit unseren Kategorien nur schwer zu erfassen sind und verstanden werden können. »Passivität« und eine abwartende Haltung sind in einer Kultur, in der die Menschen darauf vertrauen, dass die Dinge sich entwickeln (vgl. Schultz 2008), und die keine Tradition der Individualisierung hat, immanent. Hinzu kommt, wie ich erwähnte, die Idealisierung des Lehrers oder Therapeuten bzw. die Projektion von Allmacht auf ihn, die ebenfalls zu einer für uns regressiv wirkenden Erwartungshaltung verleitet.

In Falldiskussionen mit den chinesischen Therapeuten wurde bemerkenswert häufig über – für sie oft überraschende – Therapieabbrüche vonseiten der Patienten berichtet. Meine Kollegen haben für mein Empfinden auf diese Kündigungen ihrer Patienten sehr viel gelassener reagiert als Therapeuten oder Ausbildungskandidaten in unseren Breiten. Dies mag Ausdruck eines Rückzugs sein, der eine kritische Auseinandersetzung erspart.

Es ist unmittelbar aus den im letzten Abschnitt beschriebenen Besonderheiten erklärlich, dass es für unsere chinesischen Kollegen schwer ist, sich den Wünschen der Patienten nach Erklärungen und konkreten Ratschlägen zu entziehen (vgl. Schlösser 2009), da sie zum festen Bestandteil chinesischer Psychotherapie gehören und immer noch eine große Rolle spielen. Ng (1985, S. 449) betont, dass sich die meisten Psychiater und klinischen Psychologen auf der Ebene einer supportiven Therapie mit starken Elementen von Belehrung bewegen. Auch die in den USA praktizierende, aus China stammende

Psychotherapeutin May Tung (1991) weist auf die Wichtigkeit und die Tradition kognitiven Lernens in der chinesischen Geschichte hin: Die Autorität in Gestalt eines Lehrers oder Therapeuten gibt rationale Erklärungen und weist in die »richtige« Richtung. Schüler oder Patienten folgen.

Einer unserer chinesischen Kollegen, der Anfang der 90er Jahre in Heidelberg am Institut für Familientherapie promovierte, hat die unterschiedlichen therapeutischen Zugangsweisen für die Familientherapie beschrieben. Seine Erkenntnisse, die aus einer konfuzianischen Beziehungskonstellation nachvollziehbar sind, lassen sich aber ohne Weiteres verallgemeinern. Er beschreibt chinesische Therapeuten als moralisch, kontrollierend, aktiv und manipulierend. Die therapeutische Haltung, die er im Westen erlebt hat, wird vom ihm als distanziert, wertfrei und neugierig charakterisiert (Zhao 1993; 2002, S. 134).

4.3.4 Der Umgang mit Gefühlen

In der psychoanalytischen Psychotherapie kommt es primär auf die Wahrnehmung und Nutzung der eigenen Gefühle an. Die durch unsere Patienten in uns ausgelösten Emotionen, *die Gegenübertragung*, sind eine Art Leitfaden, an dem wir uns in unseren diagnostischen Überlegungen und unserem therapeutischen Handeln orientieren. Deshalb spielen Selbsterfahrung und Supervision auch eine so wichtige Rolle im Beruf des Analytikers. Die durch das im Vergleich zum westlichen weniger abgegrenzte Selbst bedingte, geringere Fähigkeit zu reflektierender Distanzierung habe ich bereits im letzten Abschnitt behandelt. Bei den chinesischen Kollegen habe ich häufiger festgestellt, dass sie sich entweder schwer von den »induzierten« Emotionen distanzieren können oder dass sie eine Distanz entwickeln, die auch dazu führen kann, dass sie die Patienten ablehnen oder sogar verurteilen. Besonders schwer zu ertragende Empfindungen wie Verzweiflung, Wut, Trauer oder Ohnmacht werden gar nicht wahrgenommen bzw. abgewehrt. Plänkers (2010a, S. 127) hat dies in seinem Projekt über Opfer der Kulturrevolution eindrucksvoll geschildert. Er beschreibt bei den chinesischen Interviewern »häufig unempathische Reaktionen mit zum Teil suggestiven Interventionen«. Eine Vertiefung des Gespräches an emotional bedeutsamen Stellen unterbleibe zumeist. Er stellt die Frage, ob diese Gefühlsabwehr mit den eigenen traumatischen Erfahrungen der Untersucher während der Kulturrevolution in Verbindung steht. Bei den von mir in Kapitel 3.2.1 geschilderten, zum Teil schweren Kindheiten der jetzt jungen Erwachsenen, kann dies als wahrscheinlich angenommen werden.

Es scheint mir unabhängig von dieser Möglichkeit aber ein allgemeines, möglicherweise auch kulturell determiniertes Phänomen zu sein, dass Gefühle nicht leicht zu entziffern sind. Dies zeigt auch der Erfahrungsbericht einer chinesischen Kollegin, die bis zum Jahr 2000 Teilnehmerin unserer Kurse war:

»Vor drei Jahren wusste ich so gut wie nichts über Psychoanalyse. Dann fesselte sie mich, und zwar so, dass ich manchmal bis zum Zerreißen erregt war und auch Schmerz empfand. Ich habe mein eigenes Ich und die menschliche Natur erforscht. Obwohl ich noch weit davon entfernt bin, mich eine qualifizierte psychodynamische Therapeutin nennen zu können, habe ich mich wenigstens aus dem anfänglichen Chaos herausgearbeitet und habe ein relativ klares Bild von der Psychoanalyse und mir selbst.

Ich erinnere mich noch daran, als ich vor drei Jahren in der Supervisionsgruppe meinen ersten Fall vorstellte und mich meine deutsche Professorin am Ende fragte: ›Was war Ihr Gefühl gegenüber Ihrem Patienten?‹ Als ich sie damals diese Frage stellen hörte, muss ich einen verstörten Gesichtsausdruck gehabt haben. Ich starrte bestimmt eine halbe Minute vor mich hin, bevor ich verdutzt antwortete: ›Ich hatte keine Gefühle.‹ Bis heute erinnere ich mich an den Ausdruck in ihrem Gesicht. Es zeigte große Verblüffung. Danach fragte sie mich: ›Und wieso hatten Sie keine Gefühle‹? Das war das erste Mal in meinem Leben, dass mich eine Frage so fassungslos zurückließ und ich nichts zu antworten wusste. Ich denke, das war sicher nicht, weil ich etwa dumm oder nicht gewandt genug bin – vielmehr war es der Grund, dass ich mir nicht bewusst war, dass ich den Therapieprozess auch mit Gefühlen erlebe. Doch diese Art von Sensibilität für jedes Detail der Interaktion zwischen Therapeut und Patient im Verlauf der Therapie ist gerade eine der wichtigsten Fähigkeiten, die ein Psychoanalytiker besitzen muss. Bevor ich dieses ›Gefühl‹ fand, war ich es gewohnt, Worte wie ›ich denke‹ oder ›ich meine‹ zu benutzen, um meine Eindrücke oder Meinung von dem Patienten wiederzugeben. Selbst in meinem Wörterbuch werden Ausdrucksweisen wie ›ich habe das Gefühl‹ oder ›ich spüre‹ als unkorrekt und zweideutig abqualifiziert, und solche Ausdrucksweisen sollte ein Wissenschaftler tunlichst vermeiden« (Xiong 2001).

Wenn ich auf meine Lehrtätigkeit zurückblicke, so scheint mir, dass meine Schüler im Laufe der Jahre einen zunehmend angstfreieren Zugang zu ihren Gefühlen gewonnen haben. Ich hatte auch den Eindruck, dass viele dies als eine Befreiung erlebt haben, wie die Kollegin, die mir ihren Bericht schickte. Voraussetzung für diese »emotionale Bewusstseinserweiterung« waren Einsichten, die sie in den Selbsterfahrungssitzungen über sich selbst gewonnen hatten und die sie nun auch in ihren eigenen Therapien mit ihren Patienten nutzen konnten. Und das, so glaube ich, ist ein wichtiges, gutes Ergebnis dieser Arbeit.

4.4 Schlussbetrachtungen

In den vorhergehenden Abschnitten habe ich gezeigt, wie sich die Andersartigkeit der chinesischen Kultur beim »Export« psychoanalytischer Theorie und Praxis manifestiert. Insbesondere in den Grundsätzen der Behandlungstechnik treffen wir auf viele Aspekte, die sich mit einer traditionell hierarchisch strukturierten, kollektivistisch-konfuzianischen Gesellschaft schwer vereinbaren lassen.

Das große Interesse, auf das wir dennoch stießen, hat uns verwundert und herausgefordert. Vielleicht wurde die Popularität der Psychoanalyse von ausgehungerten Intellektuellen – nach der langen Verbannung als verfemte und »bourgeoise« Metapsychologie und Therapieform – in den 80er Jahren als Befreiungsschlag aus den verkrusteten Strukturen des Kommunismus maoistischer Prägung verstanden. Ich habe allerdings, anders als in den 60er Jahren in Deutschland, in China nie erlebt, dass psychoanalytisch-kulturtheoretische Aspekte im Zusammenhang mit sozialen oder politischen Verhältnissen diskutiert wurden.

4.4.1 Die Frage des Psychoanalyse-Transfers

Die Frage, ob eine psychoanalytische Behandlung bei Menschen fremder Kulturen überhaupt möglich ist, ist noch nicht beantwortet. Der Inder Sudhir Kakar, der in Deutschland eine Lehranalyse absolviert hat, resümiert, er halte es nicht für notwendig, dass der Therapeut über die ihm fremde Kultur seines

Patienten Kenntnisse hat. Wichtig sei allerdings, dass er imstande ist, die Vorstellungen der Kultur, in die er hineingeboren worden sei, zu hinterfragen (Kakar 2006). Nun ist es aber außerordentlich schwierig, sich aus seiner eigenen ethnozentrischen Sicht so weit zu befreien, dass ein unbefangener Blick auf »den Fremden« möglich wird, so ideal das vielleicht auch wäre. Auf einer bereits Ende der 60er Jahre durchgeführten Tagung der *Internationalen Psychoanalytischen Vereinigung* zum Thema *Kulturelle Aspekte in psychoanalytischer Theorie und Praxis* wurde betont, dass es kulturimmanente Verhaltensweisen, Überichforderungen, Beziehungsmuster, Differenzierungsgrade, Abstraktionsmöglichkeiten und Charakterstrukturen gibt. Diese »kultursyntonen« Variationsbreiten spiegelten sich in »ichsyntonen« Persönlichkeitsmerkmalen. Diese müssten, um analysiert werden zu können, zunächst einmal »ichdyston« werden, ein Schritt, der weder angebracht noch leicht zu bewerkstelligen sei. Ishak Ramzy und Werner Münsterberger halten auf diesem Kongress Kenntnisse über den kulturellen Hintergrund von Patienten, sofern er fremd ist, für nützlich, wenn auch nicht unerlässlich. Auf ein fruchtbares Zusammenspiel zwischen psychoanalytischer Praxis und den Erkenntnissen anthropologischer und soziologischer Forschung wird Wert gelegt (Jackson 1968).

Psychische Dysfunktionalität kann als eine Störung der Beziehung des Individuums zu seiner Kultur angesehen werden (Devereux, zit. bei Kracke 2004, S. 63). So ist es die Aufgabe psychoanalytischer Anthropologie, die Anpassung psychodynamischer Prozesse an die jeweiligen kulturellen Bedingungen zu untersuchen, ebenso wie neue psychoanalytische Perspektiven, die sich aus dieser Anpassung ergeben können (ebd., S. 67).

In China, so habe ich es auch anhand von Beispielen zu illustrieren versucht, sind die Grenzen des Selbst sehr viel fließender als bei uns Europäern oder Nordamerikanern. Dies lässt sich unmittelbar aus der kulturellen Matrix ableiten und bildet sich auch in der Kommunikation der Menschen untereinander, in ihrer Schrift, Sprache und Malerei ab.

Die psychische Struktur bildet sich aus Identifikationen mit frühen Bezugspersonen (vgl. auch Eizirik 2009). In China waren die Kinder, die in Großfamilien aufwuchsen, multilateral identifiziert, was zur Konfiguration eines weniger konturierten, »interdependenten« Selbst führte. Die primären Beziehungen waren weitgehend austauschbar. Nicht nur die Eltern, sondern die ganze Familie war für Versorgung und Erziehung selbstverständlich zuständig und verantwortlich. So war es auch nicht unüblich, dass ein Kind, das eigentlich unter ungünstigen ökonomischen Bedingungen hätte aufwachsen müssen, an bessergestellte Verwandte gegeben wurde. Wichtig war hauptsächlich, dass es in der Familie blieb. Manche psychoanalytische Kollegen haben dieses Abgeben der Kinder als »traumatisch« gedeutet. Das kann unter den teilweise schwierigen politischen und sozialen Bedingungen auch der Fall sein, insbesondere dann, wenn die Familien auseinandergerissen wurden. Im Normalfall gehört es zu den uns eher fremden Verhaltensmöglichkeiten einer familien- und gruppenbezogenen Gesellschaftsordnung mit einem bei uns kaum (noch) erlebten Zusammengehörigkeitsgefühl. Dies impliziert auch die selbstverständliche Verpflichtung der Nachkommen, später die Versorgung der Familie zu garantieren.

Der beschriebene enge Familienzusammenhalt ist auch der Grund für eine andere Schwerpunktsetzung und für eine gewisse Verschiebung der Entwicklungsphasen chinesischer Kinder und Jugendlicher. So scheint die orale Verwöhnung chinesischer Kinder intensiver und länger anzuhalten als im Westen und die Sauberkeitserziehung in der analen Phase hat eine untergeordnete Bedeutung, ebenso wie die Ermunterung zu autonomem Verhalten. Auf die ostasiatische Konstellation des Ödipuskomplexes habe ich bereits in Kapitel 1.1 hingewiesen. Tseng (zit. bei Zhao 2002, S. 77) schreibt für das dritte bis fünfte Lebensjahr:

> »Konflikte in der Familie bzw. zwischen Kindern und Eltern sind zu vermeiden. Der Ödipus-Komplex kann sich wegen der zahlreichen Familienmitglieder und der Verwandten, aber nicht zuletzt wegen der Erziehung zur Loyalität nicht so ausbilden, wie das in westlichen Ländern der Fall sein mag, das dominierende Gefühl der Über-Ichs ist das Schamgefühl.«

In der Latenzphase sei die Erziehung »plötzlich« sehr streng, die Kinder würden angehalten, fleißig zu arbeiten und sich zu »stählen«. Im Vergleich zum Westen seien die Latenzphase und die Adoleszenz hinsichtlich der Autonomieentwicklung verlängert, dafür liege der Schwerpunkt auf Toleranz sowie auf Respekt vor Vergangenheit und Tradition.

Ein zentrales Thema in unseren westlichen Behandlungen, der Konflikt zwischen Abhängigkeit und Autonomie, ist in China anders gestaltet. Unsere »individualisierte« westliche Autonomie steht einer chinesischen Autonomie gegenüber, die stets den Älteren und der Bezugsgruppe gegenüber verpflichtet bleibt (vgl. Doi 1977). Diese Loyalitäten, die auch im Westen nicht verloren gehen sollten, sind in China nach wie vor zwingend.

In den Diskussionen, die wir als »Westler« über die Frage einer Vermittlung psychoanalytischen Denkens und der daraus abgeleiteten Therapieform nach China hatten, gab es verschiedene Argumente, unseren kulturellen Spagat zu rechtfertigen. In China vollzieht sich ohne Zweifel seit etwa 30 Jahren, also seit einer Generation, eine Veränderung der Gesellschaft in Richtung einer Individualisierung. Ich habe im dritten Kapitel geschildert, wie einige junge Menschen, die ich gesprochen habe, beginnen, sich aus den engen Maschen einer konfuzianischen Ordnung zu befreien und neue Wege zu suchen – auch wenn sie das Risiko eingehen, dadurch das Gebot der Kindestreue zu verletzen. Dies ist meist ein schmerzhafter Prozess. Familientherapeuten berichten über zunehmende Gewalt von Jugendlichen und ihrer damit überforderten Eltern (Haaß-Wiesegart/Schweitzer 2004). Individualisierung lässt sich aber kaum vermeiden. Wettbewerb und Konkurrenz spielen in der so erfolgreichen chinesischen Geschäftswelt, an Schulen und Universitäten eine große Rolle. Sie beginnen schon in den Kinderkrippen, wovon ich mich bei der Präsentation eines von meiner Kollegin Ann-Kathrin Scheerer gedrehten Filmes überzeugen konnte. Es wurde ein Krabbelwettrennen für acht Monate alte Kinder mit anschließender Medaillenverleihung an die stolzen Mütter gezeigt.

4.4.2 Übergangsgesellschaft China

Brüche zwischen kulturellen Überlieferungen und wirtschaftlichen Interessen bestimmen die jetzige Übergangsgesellschaft, die gekennzeichnet ist durch eine für die Globalisierung typische Enttraditionalisierung (Giddens 2001). Wenn liberale westliche Lebensformen auf traditionelle chinesische Wertvorstellungen treffen, so kann das eine starke Verunsicherung verursachen.

So wie der »real praktizierte« Kapitalismus unter der Herrschaft der Kommunistischen Partei, gehört auch die mit ihm verknüpfte – notwendige – Individualisierung in einer offiziell konfuzianisch-kollektivistischen Gesellschaftsordnung zu den Widersprüchen, die wir in China erleben. Dass beides nebeneinander existieren kann, ist für uns schwer nachzuvollziehen – und doch ist es so. Anfang des 20. Jahrhunderts erkannten chinesische Intellektuelle im

Konfuzianismus die Quelle der Rückständigkeit, was mit zur »Bewegung des vierten Mai« führte. Ende des 20. Jahrhunderts erklärte die Parteiführung den Konfuzianismus zur »Hauptströmung des chinesischen Kulturkreises«, der Taiwan und Singapur einschließt (Huntington 1998). In Abgrenzung zum antitraditionellen Marxismus-Leninismus spielt die Wiederbelebung konfuzianischer Werte in der politischen Debatte derzeit eine große Rolle (Bell 2009). 2002 wurde vom Zentralkomitee der Kommunistischen Partei die »harmonische Gesellschaft« zum politischen Leitbild erklärt. Sieht man sich den sozioökonomischen Wandel an, der China derzeit bewegt, so ist die Gesellschaft weit von Harmonie entfernt und die Menschen sind damit beschäftigt, die (viel zu) schnellen Entwicklungsschritte psychisch zu verarbeiten: Die Veränderung der Familienstruktur durch die Einführung der Ein-Kind-Politik, ein neues Verständnis von Ehe und Partnerschaft, sexuelle Liberalisierung, Verarmung großer Bevölkerungsgruppen durch Arbeitslosigkeit bei einem unzureichenden staatlichen Renten- und Krankenversicherungssystem und nicht zuletzt ein Werteverfall mit weitverbreiteter Korruption und Bestechung.

Dies alles spiegelt sich nicht zuletzt in einem hohen Aufkommen psychischer Störungen wider. Insbesondere Angsterkrankungen, Depressionen, Suizidalität und Alkoholismus haben zugenommen (Phillips et al. 2009). Einem großen Behandlungsbedarf steht ein geringes Angebot angemessener Versorgungsmöglichkeiten gegenüber. Hinzu kommt eine gerade in China weitverbreitete Angst vor Stigmatisierung bei seelischen Problemen, sodass nur ein Bruchteil der betroffenen Patienten Hilfe sucht. Auf dem Land, wo die psychosozialen Probleme besonders groß sind, und die Suizidrate insbesondere junger Frauen alarmierend ist (Phillips et al. 2002), gibt es keine psychologische Hilfe. Falls Angebote zur Verfügung stehen, wird ihre Inanspruchnahme dadurch erschwert, dass eine Finanzierung kaum möglich ist. Ich habe erlebt, wie Patienten sich mit einer fremden Versicherungskarte zur Behandlung meldeten, sodass sie unter einem anderen Namen therapiert wurden.

Der große Bedarf an seelischer Hilfe ist sicher ein weiterer Grund dafür, weshalb viele junge Psychologen und Psychiater an den von westlichen Experten angebotenen Kursen für Psychotherapie interessiert sind. Inzwischen hat das Gesundheitsministerium mit der Bildung einer *Chinese Association for Counseling and Psychotherapy* dem großen Bedarf an Beratung und Psychotherapie Rechnung getragen.

Die Begeisterung chinesischer Kollegen gerade für die psychoanalytisch orientierte Therapie ist sicher auch einer enormen Idealisierung alles Westlichen zuzurechnen. Dies gilt vor allem für die jüngere Generation, die auf der Suche nach einer neuen kulturellen Identität ist – und mit neuen, entliehenen Lebensformen und neuem Denken experimentiert. Das von der Psychoanalyse vermittelte Wertesystem verspricht eine innere Befreiung, die – nach den entbehrungsreichen Schicksalen der Eltern – wie eine Utopie erscheinen muss. Trotzdem: Inwieweit die Psychoanalyse geeignet ist, die Menschen zu erreichen, muss sich noch erweisen. Auch wenn die Veränderung der Gesellschaft immer mehr Individualisierungsprozesse in Gang setzt, sind die kulturellen Wurzeln doch tief im chinesischen Bewusstsein verankert. Dies zeigen auch Untersuchungen, die seelische Prozesse von Exilchinesen mit denen der Einwohner ihrer neuen Heimatländer, zum Beispiel den USA, vergleichen (Spencer-Rodgers et al. 2009; English/Chen 2007): Auch bei Emigranten der zweiten oder dritten Generation findet sich weiter das traditionelle ostasiatische Weltverständnis mit seinem konfuzianischem Wertekanon. Die Frage, ob eine Anpassung an westliche Lebensstile nur eine Mode bleibt oder ob es langsam zu einer Umformung traditioneller Grundwerte kommt, wird sicher nicht so schnell zu beantworten sein. Derzeit beobachten wir auf der ganzen Welt, besonders aber in Ostasien, eine kulturelle Hybridisierung, eine Kombination und Durchmischung unterschiedlicher Denk- und Handlungsweisen, die in sich oft paradox scheinen. Ein handfester Pragmatismus und die Fähigkeit, Gegensätze ohne Probleme nebeneinander bestehen zu lassen, werden wahrscheinlich dazu führen, dass die Chinesen das für sie passende Amalgam aus West und Ost finden.

4.4.3 Therapeutischer Pragmatismus und die »klassische« psychoanalytische Ausbildung

Während wir Deutschen uns in der Ausbildung gemeinhin für eine therapeutische Richtung entscheiden, haben wir als psychoanalytische Lehrtherapeuten erstaunt zur Kenntnis genommen, dass viele unserer Schüler gleichzeitig an Kursen unterschiedlicher therapeutischer Schulen teilnahmen. Die von ihnen durchgeführten Therapien wurden ebenfalls sehr pragmatisch durchgeführt, es wurden gleichsam unterschiedliche Versatzstücke zu einem therapeutischen Ganzen zusammengemischt, was der oft unklaren Indikationsstellung entgegenkommt (vgl. Kapitel 4.3.2). Eine Kollegin meinte: »Ich sehe mir alle Theorien an und schaue dann, was wirkt.«

Einige von uns beschlich gelegentlich das ungute Gefühl, dass unsere Bemühungen mehr zu einer Imitation als zu einem tieferen Verständnis einer für China neuen, subjektbezogenen Theorie über die Seele des Menschen geführt hat. Auch wenn dieser Verdacht sicher für viele unserer Schüler nicht zutrifft, so zeigt er doch, dass wir unsere Mission naiv aus unserer westlichen Perspektive betrachtet haben, ohne die interkulturellen »Passungsprobleme«, die ich in diesem Buch beschrieben habe, ausreichend reflektiert zu haben. Derzeit wird Psychotherapie und psychologische Beratung nach dem alten maoistischen Prinzip »Lasst hundert Blumen blühen« (vgl. D. Chang et al. 2005) betrieben, wobei die chinesischen Kollegen das, was sie von den Europäern und Amerikanern gelernt haben, »sinisieren«, das heißt, entsprechend ihrer kulturellen Eigentümlichkeiten und Bedürfnisse experimentierend anpassen. Wie ich bereits beschrieben habe, wird dabei den Bedürfnissen nach Führung, Beratung und Belehrung Rechnung getragen. Wenn Freud visionär sagte, »[w]ir werden auch sehr wahrscheinlich genötigt sein, in der Massenanwendung unserer Therapie das reine Gold der Analyse mit dem Kupfer der direkten Suggestion zu legieren« (1918, S. 193), so hat er wahrscheinlich nicht China im Blick gehabt, wenngleich diese Legierung wohl gerade den spezifischen Anforderungen der chinesischen Kultur Rechnung trägt, wenn auch aus anderen Gründen, als das bei uns der Fall ist, wie ich zu zeigen versucht habe. Eine andere Adaptation ist der Versuch einiger Kollegen (vgl. Zhang 2004, 2007), buddhistische und taoistische Gedanken mit psychoanalytischen Konzepten zu verbinden, die Psychoanalyse gleichsam durch den Filter ostasiatischer Philosophie zu betrachten. So kann es zu einem interkulturellen Dialog kommen, der uns um neue Dimensionen bereichern kann.

Im Jahr 2004 wurde die *Psychoanalytische Vereinigung Chinas* mit 33 Mitgliedern gegründet. Bei den Mitgliedern handelt es sich um Kollegen, die im Rahmen von Programmen ausländischer Analytiker eine theoretische und praktische psychoanalytische Orientierung erworben haben und inzwischen meist selbst unterrichten. Auf meinen langjährigen Erfahrungen in einem solchen Ausbildungsprogramm, insbesondere auf dem eigenen Anschlussprojekt in Shanghai, fußt der vorliegende Bericht.

Eine »klassische« psychoanalytische Ausbildung nach westlichem Standard, die – neben einer sorgfältigen Auswahl der Persönlichkeit – viel Zeit und Geld erfordert, ist dagegen in China noch schwer zu bewerkstelligen, weil es bisher keine einheimischen, nach international vorgegebenen Kriterien ausgebildeten Kollegen gibt. Die *Internationale Psychoanalytische Vereinigung* unterstützt die Entwicklung der Psychoanalyse in China und hat dies 2010 mit dem ersten Kongress *Freud in Asia* bekräftigt. Derzeit gibt es neun Ausbildungskandidaten für die sogenannte »große Ausbildung«, die eine klassische Lehranalyse (hochfrequent und liegend) in China bei einer deutschen Analytikerin absolvieren. Eine US-amerikanische Gruppe umgeht diesen Ausbildungsengpass dadurch, dass sie Lehranalysen per Skype anbietet. Diese Lösung wird von vielen ambivalent gesehen – wenngleich diese Möglichkeit für Fallsupervisionen durchaus akzeptabel ist.

Für die Psychoanalyse – oder für die von ihr abgeleiteten Therapieformen – ist ihre globale Verbreitung eine besondere Herausforderung. Sie wird sich den Gegebenheiten der unterschiedlichen Kulturen anpassen müssen, wenn sie nicht erstarren will. Dazu ist ein intensiver interkultureller und interdisziplinärer Dialog vonnöten, der auch Kenntnisse der philosophischen Grundlagen, Mythen, Gleichnisse und Sprichwörter vermittelt. Ein solcher steckt aber erst in den Anfängen.

Es ist gut vorstellbar, dass gerade in China die psychoanalytische Gruppentherapie auf fruchtbaren Boden fällt. Es fehlen zwar noch Evaluationsstudien, aber Berichte von Kollegen und auch Ausbildungskandidaten sind ausgesprochen positiv. Dass die systemische Familientherapie in China inzwischen gut Fuß gefasst hat, ist nicht verwunderlich, ist doch die Familie als kleinste gesellschaftliche Einheit der Schauplatz, auf dem sich die Spannungen zwischen Tradition und Moderne am deutlichsten darstellen. Die lerntheoretisch fundierte Verhaltenstherapie hat ebenfalls einen festen Platz im Therapiekanon. Auch das erstaunt nicht, weil hier wie in keiner anderen Therapieform dem Bedürfnis nach Führung und Anleitung am stärksten Rechnung getragen wird.

4.4.4 Persönlicher Rückblick

In der Einführung dieses Buches habe ich geschrieben, dass ich den Eindruck hatte, dass sich mein Gefühl der Fremdheit verstärkte, je häufiger ich mich in China aufgehalten hatte. Während ich diesen Text verfasst habe, hat sich einiges Unverständliche in mir geordnet. So habe ich vieles von der Textur der chinesischen Seele vor ihrem kulturellen Hintergrund besser verstanden. Es wurde mir aber auch schmerzlich bewusst, wie begrenzt mein Wissen ist, und dass ich den chinesischen Kollegen, mit denen mich weiter eine herzliche Freundschaft verbindet, wahrscheinlich nicht gerecht werden konnte. Rückblickend glaube ich aber, dass ich meinen Schülern doch zwei wichtige Aspekte vermitteln konnte. Einen habe ich in Kapitel 4.3.4 beschrieben: Ich war als Lehrtherapeutin in vielen Fällen die psychoanalytische Geburtshelferin von bisher nicht erlebten, verdrängten Gefühlen, die für die eigene therapeutische Arbeit genutzt werden konnten. Das war für viele ein Lernprozess, in dem ich in meiner eigenen westlichen emotionalen »Unbefangenheit« zur Identifikationsfigur wurde. Der andere Punkt betrifft das umfassendere Verstehen der Psychodynamik aus dem biografischen Zusammenhang heraus. Hier wurde, wie ich es empfand, der Subjektivität mehr Raum gegeben und Lebenskrisen, die zu einer psychischen Erkrankung oder Funktionsstörung geführt hatten, wurden in einem individualisierten Kontext gesehen – sowohl bei den Ausbildungsteilnehmern selbst als auch bei ihren Patienten. Zweifellos spielte in den lehrtherapeutischen Einzelgesprächen mit jungen chinesischen Kollegen das Moment persönlicher Befreiung eine große und für manche auch gewissermaßen erlösende Rolle. Es tauchte aber auch oft Trauer auf. Manche betonten, dass sie zum ersten Mal in ihrem Leben über ihre oft trostlosen Kindheiten oder ihr ambivalent erlebtes Verfangen-Sein in traditionellen Strukturen sprechen konnten. Vielleicht war dies sogar einfacher für sie, weil ich aus einer anderen Welt kam. Zweifellos gehören aber beide genannten Aspekte zur Grundvoraussetzung, um psychoanalytisch arbeiten zu können.

Wenn ich auf die Zeitspanne zurückblicke, in der ich jährlich für Wochen in China unterrichtete, so bin ich der Überzeugung, dass die Behandlung und Vermittlung psychoanalytischer Grundannahmen in einer so fremden Kultur wie der ostasiatischen eine fundierte Kenntnis über sie voraussetzt. Wir müssen bedenken, dass unser ideales Therapieziel, nämlich das autonome Denken und Handeln des Patienten, in China nur begrenzt, wenn überhaupt, Geltung haben kann. Vielleicht ist auch unser westliches Ideal ein Kunstprodukt, das mit gesellschaftlicher und psychischer Realität wenig zu tun hat. Verlieren wir nicht in unserer modernen Idealisierung von Autonomie auch die *Fähigkeit, abhängig zu sein*, und damit etwas, das auch zur psychischen Gesundheit gehört? Das Vertrauen, sich gelassen in die Hände des anderen zu begeben, ohne dass das Selbstwertgefühl darunter leidet, ist in unserer Kultur weitgehend verloren gegangen.

Das Dilemma in unserer modernen Welt ist wahrscheinlich, dass beide Perspektiven, die westliche und die östliche, einseitig sind: Der Westen stellt das Wohl des Individuums in den Mittelpunkt und vernachlässigt den sozialen Mutterboden. Der Osten dagegen richtet sein Augenmerk auf das Wohl der Gemeinschaft und vernachlässigt die Rechte und Interessen des Einzelnen. Ob es möglich ist, Wege zu finden, die der menschlichen Seele zugänglicher sind als nur mit der einen oder der anderen Gangart, wird sich in der Zukunft zeigen.

Literatur

Ba Jin (1985): Fünfzig Jahre mit der Literatur. In: Ba Jin: Gedanken unter der Zeit. Ansichten – Erkundungen – Wahrheiten 1979–1984. Köln (Diederichs), S. 16–32.

Bao Ruo Wang (Jean Pasqualini) (1973): Gefangener bei Mao. München, Bern (Scherz).

Basch, Michael F. (1983): Empathic Understanding: A Review of the Concept and Some Theoretical Considerations. J. Amer. Psychonal. Assn. 31, 101–124.

Bell, Daniel (2009): The Confucian Party. New York Times, 5.12.2009.

Benedict, Ruth (1946): The Chrysanthemum and the Sword: Patterns of Japanese Culture. Boston (Houghton Mifflin).

Blowers, Geoffrey (2004): Bingham Dai, Adolf Storfer, and the tentative beginnings of psychoanalytic culture in China: 1935–1941. Psychoanalysis and History, 6(1), 93–106.

Blowers, Geoffrey (2006): Crossing borders: Oedipus in Asia and the resistance to psychoanalysis. China Cross Currents 3(4), 8–27.

Blowers, Geoffrey & Yuan, Teresa (2006): China. In: de Mijolla, Alain (Hg.): International Dictionary of Psychoanalysis. URL: http://www.enotes.com/psychoanalysis-encyclopedia/China (Stand: 15.12.2010).

Bohleber, Werner (2000): Die Entwicklung der Traumatheorie in der Psychoanalyse. Psyche – Z Psychoanal 54(9/10), 797–839.

Bohleber, Werner (2008): Wege und Inhalte transgenerationaler Weitergabe. Psychoanalytische Perspektiven. In: Radebold, Hartmut; Bohleber, Werner & Zinnecker, Jürgen (Hg.): Transgenerationale Weitergabe kriegsbelasteter Kindheiten: Interdisziplinäre Studien zur Nachhaltigkeit historischer Erfahrungen über vier Generationen. Weinheim (Juventa), S. 107–118.

Bond, Michael H. & Hwang Kwang K. (1986): The social psychology of the Chinese people. In: Bond, Michael. H. (Hg.): The Psychology of the Chinese People. Oxford (University Press) 1986, S. 213–266.

Bremm, Claudia (1990): Wer war Adolf Storfer? Das Neue China (17), 22–24.

Chang Ching H. (2004): Chinas Wirtschaft: Ein Luftschloss? URL: http://www.china-intern.de/wirtschaft-presse/1079897280 (Stand: 15.12.2010).

Chang, Doris; Tong Huiqi; Shi Qijia & Zeng Qifeng (2005): Letting a hundred flowers bloom: Counseling and psychotherapy in the People's Republic of China. Journal of Mental Health Counseling 27(2), 104–116.

Chang Jung & Halliday, Jon (2005): Mao. München (Blessing).

Chen Kaige (1994): Kinder des Drachen. Eine Jugend in der Kulturrevolution. Leipzig (Kiepenheuer).

Chen Ming-Jer (2004): Geschäfte machen mit Chinesen – Insiderwissen für Manager. Frankfurt/M. (Campus).

Chen Zhiyong (2007): University students suffer pressure. China Daily, 28.5.2007.

Cheung, Fanny; Gan Yiqun & Lo Poman (2005): Personality and psychopathology: Insights from Chinese studies. In: Tseng Wen-Shing; Chang Suk Choo & Nishizono Masahisa (Hg.): Asian Culture and Psychotherapy. Implications for East and West. Honolulu (University of Hawai'i), S. 21–39.

Ching Man Lam (1997): A cultural perspective on the study of Chinese adolescent development. Child and Adolescent Social Work Journal 14(2), 95–113.

Coillie, Dries van (1967): Der begeisterte Selbstmord. Freiburg i.Br. (Herder).

Creighton, Millie R. (1990): Revisiting shame and guilt cultures: A forty-year pilgrimage. Ethos 18(3), 279–307.

Dai Bingham (1941): Personality problems in Chinese culture. American Sociological Review 6(5), 688–696.

Dai Bingham (1957): Obsessive-compulsive disorders in Chinese culture. Social Problems 4(4), 313–321.

Dai Bingham (1984): Asia psychoanalysis in China before the revolution. A Letter. Transcultural Psychiatry Research Review 21(4), 280–283.

Darimont, Barbara (2005): Alterssicherung in China vor dem Hintergrund konfuzianischer und marxistischer Lebensvorstellungen. China Analysis 48. URL: http://www.chinapolitik.de

Devereux, Georges (1974): Normal und Anormal. In: Devereux, Georges: Normal und Anormal. Aufsätze zur allgemeinen Ethnopsychiatrie. Frankfurt/M. (Suhrkamp), S. 19–131.

Dien, Dora (1992): Gender and Individuation: China and the West. Psychoanal. Rev. 79, 105–119.

Doi, Takeo (1977): The anatomy of dependence. Tokyo (Kodansha International).

Domenach, Jean-Luc (1995): Der vergessene Archipel. Hamburg (Hamburger Edition).

Eizirik, Claudio L. (2009): Psychic structure and identity in a globalizing world. International Forum of Psychoanalysis 18, 196–201.

English, Tammy & Chen, Serena (2007): Culture and self concept stability: Consistency across and within contexts among Asian Americans and European Americans. J. Pers. Soc. Psychol. 93(3), 478–490.

Erdheim, Mario (1988): Adoleszenz zwischen Familie und Kultur. In: Erdheim, Mario: Die Psychoanalyse und das Unbewußte in der Kultur. Frankfurt/M. (Suhrkamp), S. 191–214.

Fang Xin (2007): mündliche Mitteilung.

Fähnders, Till & Lorenz, Andreas (2006): Labile Untertanen. Der Spiegel, 24.7.2006.

Feng Jicai (1987): One Hundred People's Ten Years. Beijing (Foreign Languages Press).

Fischer, Gottfried & Riedesser, Peter (2003): Lehrbuch der Psychotraumatologie. 3. Aufl. München (Reinhardt).

Freud, Sigmund (1918): Wege der psychoanalytischen Therapie. GW XII, S. 183–194.

Freud, Sigmund (1930): Das Unbehagen in der Kultur. GW XIV, S. 419–506.

Fuligni, Andrew J. & Zhang Wenxin (2004): Attitudes toward family obligation among adolescents in contemporary urban and rural China. Child Development 75(1), 180–192.

Gänßbauer, Monika (1996): Trauma der Vergangenheit – die Rezeption der Kulturrevolution und der Schriftsteller Feng Jicai. Dortmund (Projekt).

Gerlach, Alf (2005): Psychotherapy in Europe and its inspiration to China. Vortrag auf dem IPA Kongress in Rio de Janeiro 2005.

Gerlach, Alf & Haag, Antje (1999): Trennungstraumata in der chinesischen Kulturrevolution. In: Schlösser, Anne-Marie & Höhfeld, Kurt (Hg.): Trennungen. Gießen (Psychosozial-Verlag).

Giddens, Anthony (2001): Entfesselte Welt. Wie die Globalisierung unser Leben verändert. Frankfurt/M. (Suhrkamp).

Haag, Antje (2008): Die »Seelenkulturrevolution«. Psychotherapeut 53(2), 124–129.

Haag, Antje & Zhao, Mei (2004): Kollektive Traumatisierung – chinesische Schicksale im 20. Jahrhundert. Psyche – Z Psychoanal 58(4), 352–366.

Haaß-Wiesegart, Margarethe & Schweitzer, Jochen (2004): Psychotherapie-Ausbildung in China. Psychotherapie im Dialog 5(4), 407–413.

Halberstadt-Freud, Hendrika C. (1991): Mental Health Care in China. Int. R. Psycho-Anal. 18, 11–18.

Hall, Edward T. (1989): Beyond Culture. New York (Anchor Books).

He Qinglian (2000): China's listing Social Structure. Changsha (House of Books).

He Qinglian (2006): China in der Modernisierungsfalle. Hamburg (Hamburger Edition)

Heberer, Thomas (2006a): Wo steht China politisch? Kommune. Forum für Politik, Ökonomie und Kultur 4, 20–29.

Heberer, Thomas (2006b): China – Entwicklung zur Zivilgesellschaft? APuZ 49, 20–26.

Heine, Steven J. (2001): Self as cultural product: An examination of East Asian and North American selves. J. Pers. 69(6), 881–906.

Hernig, Marcus (2010): »Großartiges Reich der Mitte«: zur Aktualität chinesischer Mythen. APuZ 39, 29–33.

Hesketh, Therese; Lu Li & Zhu Wei Xing (2005): The effect of China's One-Child-Family-Policy after 25 years. N. Engl. J. Med. 353, 1171–1176.

Hofstede, Geert (2001): Culture's Consequences. 2. Aufl. London, New Dehli (Sage).

Hua Wang; Breitel, Mark; Schuman-Olivier, Zev & Bary, Declan (2007): Psychometric properties of a Chinese version of the Psychological Minded Scale. J. Amer. Psychoanal. Assn. 55, 300–305.

Huntington, Samuel P. (1998): Kampf der Kulturen. Berlin (Siedler).

Huo Datong (1990): Vom Marxismus zur Psychoanalyse. Das Neue China (17), 18.

Jackson, Stanley W. (1968): Aspects of culture in psychoanalytic theory and practice. J. Amer. Psychoanal. Ass. 16, 665–670.

Jacoby, Mario (1997): Scham-Angst und Selbstwertgefühl. In: Kühn, Rolf; Raub, Michael & Titze, Michael (Hg.): Scham – ein menschliches Gefühl. Opladen (Westdeutscher Verlag).

Ji Jinlan; Kleinman, Arthur & Becker, Anne E. (2001): Suicide in contemporary China's distinctive suicide demographics in their sociocultural context. Harvard Review of Psychiatry 9(1) 1–12.

Jiang Liu & Yang Cao (2006): Schwierige Ehepartnersuche von Büroangestellten in den Großstädten. URL: http://chinaheute/2006n5/p11htm (Stand: 1.12.2010).

Jullien, François (2006): Vortrag vor Managern über Wirksamkeit und Effizienz in China und im Westen. Berlin (Merve).

Kakar, Sudhir (1985): Psychoanalysis in non-western cultures. Int. R. Psycho-Anal. 12, 441–448.

Kakar, Sudhir (2006): Kultur und Psyche. In: Strauss, Bernhard (Hg.): Psychotherapie in Zeiten der Globalisierung. Göttingen (Vandenhoeck & Ruprecht), S. 163–182.

Kang Liu (2000): Popular Culture and the Culture of the Masses in Contemporary China. In: Dirlik, Arif & Zhang Xudong (Hg.): Postmodernism and China. Durham, London (Duke University Press), S. 123–144.

Kolonko, Petra (2005): Zu Tode betrübt. Studenten-Selbstmorde in China. Frankfurter Allgemeine Zeitung, 2.12.2005.

Kolonko, Petra (2005): Chinas alternde Gesellschaft. Frankfurter Allgemeine Zeitung, 2.4.2005.

Kolonko, Petra (2006): Zehn Yüan, zehn Minuten. Frankfurter Allgemeine Zeitung, 16.2.2006.

Kracke, Waud H. (2004): Psychoanalysis and Anthropology. In: Ember, Carol & Ember, Melvin (Hg.): Encyclopedia of Medical Anthropology, Health and Illness in the World's Cultures 1. New York (Springer), S. 58–70.

Kreft, Heinrich (2006): China – Die soziale Kehrseite des Aufstiegs. APuZ 49, 35–40.

Lackner, Michael (2006): Kulturelles Gedächtnis in China. Vortrag am 24.3.2006, Berlin (Int. Konferenz »China zwischen Vergangenheit und Zukunft«).

Leutner, Mechthild (1989): Geburt, Heirat und Tod in Peking. Berlin (Reimer).

Liao Yiwu (2009): Fräulein Hallo und der Bauernkaiser. Chinas Gesellschaft von unten. Frankfurt/M. (S. Fischer).

Lifton, Robert J. (1963): Thought Reform and the Psychology of Totalism. A Study of »Brainwashing« in China. New York (Norton).

Liu Dalin; Ng Man Lun; Zhou Li Ping & Haeberle, Erwin J. (1997): Sexual Behaviour in Modern China. New York (Continuum).

Liu Wenli & Edwards, Carolyn P. (2003): Chinese Parents' Knowledge, Attitudes, and Practices about Sexuality Education for Adolescents in the Family. Lincoln (University of Nebraska).

Löwenfeld, Henry(1976): Notes on Shamelessness. Psychoanal. Q. 45(1), 62–72.

Lu Jun (2007): Erkenntnisse zur Sexualität. Eine vergleichende Darstellung über Sexualeinstellungen und Sexualverhalten bei Chinesen und Deutschen. Dissertation, Münster. URL: http://miami.uni-muenster.de/servlets/Derivate–3926/diss_lu.pdf (Stand: 11.06.2010).

Lu Xun (1994): Die wahre Geschichte des Herrn Jedermann. In: Lu Xun: Werke in sechs Bänden. Zürich (Unionsverlag), Bd.1, S. 104–164.

Markowitsch, Hans J. & Welzer, Harald (2005): Das autobiographische Gedächtnis. Stuttgart (Klett-Cotta).

Markus, Hazel R. & Kitayama, Shinobu (1991): Culture and the self: Implications for cognition, emotion, and motivation. Psychological Review 98(2) 224–253.

Markus, Hazel R. & Kitayama, Shinobu (1998): The cultural psychology of personality. Journal of Cross-Cultural Psychology 29(1), 63–87.

McCartney, James L. (1990): Zur Psychoanalyse der chinesischen Schrift. Für eine ideographische Revolution. Das Neue China 17(5), 25–27 (Nachdruck).

Micollier, Evelyne (2005): AIDS in China: Discourses on Sexuality and Sexual Practices. China Perspectives 60, 1–13.

Münsterberger, Werner (1982): Versuch einer transkulturellen Analyse: Der Fall eines chinesischen Offiziers. Psyche –Z Psychoanal 36, 865–887.

Mullen, Mary K. (1994): Earliest recollection of childhood: A demographic analysis. Cognition, 52, 55–79.

Ng Man Lun (1985): Psychoanalysis for the Chinese – applicable or not applicable? Int. R. Psycho-Anal. 12, 449–460.

Nisbett, Richard E. (2003): The Geography of Thought. How Asians and Westerners Think Differently ... and Why. New York (Free Press)

Pan Suiming; Wu Zongjian & Gil, Vincent E. (1995): Homosexual behaviour in contemporary China. Journ. of Psychology and Human Sexuality 7(4), 1–16.

Parin, Paul (1976): Das Mikroskop der vergleichenden Psychoanalyse und die Makrosozietät. Psyche – Z Psychoanal 30(1), 1–25.

Pearson, Veronica (1995): Mental Health Care in China. London (Gaskell).

Peng Kaiping & Nisbett, Robert E. (1999): Culture, dialectics, and reasoning about contradictions. American Psychologist 54, 741–754.

Peng Kaiping; Spencer-Rodgers, Julie & Zhong Nian (2006): Naïve Dialecticism and the Tao of Chinese Thought. In: Kim Uichol; Yang Kuo-Shu & Hwang Kwang-Huo (Hg.): Indigenous and Cultural Psychology. New York (Springer), S. 247–262.

Phillips, Michael R.; Li Xianyun & Zhang Yanping (2002): Suicide rates in China, 1995–1999. The Lancet 359, 835–840.

Phillips, Michael R.; Jingxuan Zhang; Qichang Shi; Zhiqiang Song; Zhijie Ding; Shutao Pang; Xianyun Li; Yali Zhang & Zhiqing Wang (2009): Prevalence, treatment, and associated disability of mental disorders in four provinces in China during 2000–05: An epidemical survey. Lancet 373, 2041–2053.

Plänkers, Tomas (2007): Kollektives Trauma? China nach der Kulturrevolution. Unveröffentlichtes Vortragsmanuskript

Plänkers, Tomas (2010a): Die »Kulturrevolution« im Spiegel der Seele. In: Plänkers, Tomas (Hg): Chinesische Seelenlandschaften. Die Gegenwart der Kulturrevolution (1966–1976). Göttingen (Vandenhoeck & Ruprecht), S. 118–161.

Plänkers, Tomas (2010b): Das psychische Trauma im Spannungsfeld zwischen Individuum und Gesellschaft in China. In: Plänkers, Tomas (Hg): Chinesische Seelenlandschaften. Die Gegenwart der Kulturrevolution (1966–1976). Göttingen (Vandenhoeck & Ruprecht), S. 162–183.

Riedel, Hans Christian (2001):Wissenschaftshistorische Untersuchungen zur Entwicklungsgeschichte mentaler Erkrankungen in China. Inauguraldissertation Med. Fakultät der Universität Essen. URL: http://deposit.ddb.de/cgi-bin/dokserv?idn=965681262&dok_var=d1&dok_ext=pdf&filename=965681262.pdf (Stand: 1.1.2009).

Sausmikat, Nora (2006): Erinnerungsmarkt, Monumentalisierung der Erinnerung und persönliche Korrektur. Berlin. Vortrag auf der Veranstaltung »China – zwischen Vergangenheit und Zukunft«.

Scheerer, Ann-Kathrin (1993): Sieben Chinesinnen. Gespräche über Körper, Liebe, Sexualität. Hamburg (Klein).

Schmidt-Glintzer, Helwig (1999): Das neue China. München (Beck).

Schlösser, Anne-Marie (2009): Oedipus in China: Can we export Psychoanalysis? Int. Forum of Psychoanalysis 18, 219–224.

Schnell, Orville (2008): China: Humiliation and the Olympics. The New York Review of Books 13, 30–33.

Schultz, Hermann (2008): Psychoanalyse und chinesisches Denken. Was können Psychoanalytiker von China lernen? Das neue China (3), 17–27.

Siemons, Mark (2008): Die Chinesen werden so wie wir. Frankfurter Allgemeine Zeitung, 26.6.2008

Snow, Edgar (1986): Roter Stern über China. Frankfurt/M. (Fischer).

Spence, Jonathan D. (1995): Chinas Weg in die Moderne. München (Hanser).

Spencer-Rodgers, Julie; Boucher, Helen C.; Mori, Sumi C.; Wang Lei & Peng Kaiping (2009): The dialectical self: Contradiction, change, and holism in East Asian cultures. Pers. Soc. Psychol. Bull. 35, 29–44.

Storfer, Adolph J. (2000a): Wörter und ihre Schicksale. Berlin (Vorwerk).

Storfer, Adolph J. (2000b): Im Dickicht der Sprache. Berlin (Vorwerk).

Sun Longji (1994): Das ummauerte Ich. Leipzig (Kiepenheuer).

Sun Hongyan (2006): Chinese Children's Physcial and Mental Development. In: Xi Jiejing; Sun Yunxiao & Xiao Jing Jian (Hg.): Chinese Youth in Transition. Hampshire (Ashgate), S. 19–32.

Sztompka, Piotr (1993): Civilizational incompetence: The trap of post-communist societies. Zeitschr. f. Soziologie 22(2), 85–95.

Tam Kwok-Kan (1995): Self-identity and the problematic of Chinese modernity. »The Humanities« Bulletin 4, 57–64.

Tang, Nadine (1992): Some psychoanalytic implications on Chinese philosophy and child-rearing practices. Psychoanalytic Study of the Child 47, 371–389.

Triandis, Harry C.; Bontempo, Robert & Villareal, Marcelo J. (1988): Individualism and collectivism: Cross-cultural perspectives on self-ingroup relationships. Journal of Personality and Social Psychology 54(2), 323–338.

Tseng Wen Shing (1995): Psychotherapy for the Chinese: Cultural Adjustments. In: Cheng, Louis Y.; Baxter, Helen & Cheung, Fanny (Hg.): Psychotherapy for the Chinese II. Hongkong (Chinese University), S. 1–22.

Tseng Wen Shing (2005): Integration and Application for Therapy. In: Tseng Wen Shing; Suk Choo Chang & Nishizono, Masahisa (Hg.): Asian Culture and Psychotherapy. Honolulu (University of Hawai'i), S. 265–279.

Tung May (1991): Insight-oriented psychotherapy and the Chinese patient. American Journal of Orthopsychiatry 61, 186–194.

Wang Qinbin & Zhou Qin (2010): China's divorce and remarriage rate: Trends and regional disparities. URL: http://www.uvm.edu/single/JournalClub/Papers/Wang+Zhou2010-DivorceandRemarriage (Stand: 20.12.2010).

Wang Qi (2001): Cultural effects on adults' earliest childhood recollection and self-description: Implications for the relation between memory and self. Journal of Personality and Social Psychology 81(2), 220–233.

Wang Zucheng (2007): Mündliche Mitteilung.

Weggel, Oskar (1989): Geschichte Chinas im 20. Jahrhundert. Stuttgart (Kröner).

Weggel, Oskar (1999): China im Aufbruch. München (Beck).

Weigelin-Schwiedrzik, Susanne (2006): In search of a master narrative for 20th century Chinese history. The China Quarterly 188, 1070–1091.

Wittels, Fritz (1945): Adolf Joseph Storfer 1888–1944. Psychoanal. Quarterly 14, 234–235.
Wurmser, Leon (1990): Die Maske der Scham. Berlin (Springer).
Xiao Zeping (1999): Psychotherapy transfer to China – does that work? Unveröffentlichtes Manuskript.
Xiao Zeping (2008): Application of psychoanalytically oriented therapy for the Chinese: cultural considerations. World Cultural Psychiatry Research Review (3), 20–23.
Xiong Wei (2001): Der berufliche Werdegang einer Psychoanalytikerin. Unveröffentlichtes Manuskript, aus dem Chinesischen übersetzt von M. Gänßbauer.
Yang Huayu (1997): The three periods of development of psychoanalysis in China. Vortrag am 3.8.1997 in Hamburg.
Zeng Yi (1991): Family Dynamics in China. Madison (University of Wisconsin).
Zhang Dongshu (1994): Seelentrauma. Die Psychoanalyse in der modernen chinesischen Literatur. Frankfurt/M. (Peter Lang).
Zhang Kangkang (2000): Zeit, die ungetröstet bleibt. Hefte für ostasiatische Literatur 29, 109–112.
Zhang Tianbu (2004): Zhuxiang und Widerstand. Vortrag beim »China Annual Meeting of Psychotherapy« (auf Chinesisch).
Zhang Tianbu (2007): Die chan-buddhistische Praxis des Can Huatou und ihre Anwendung in der Psychotherapie. Vortrag beim »Chinese-German Congress on Psychotherapy« in Shanghai (auf Chinesisch).
Zhang Xinxin & Sang Ye (1986): Pekingmenschen. München (Diederichs).
Zhao Xudong (1997): The East-West differences of therapeutic relations from a Chinese view. Vortrag gehalten am 21.6.1997 in Hamburg.
Zhao Xudong (2002): Die Einführung systemischer Familientherapie in China als kulturelles Projekt. Berlin (VWB).
Zhou Derong (2002): Stirb langsam. Siech, aber nützlich: Ba Jin. Frankfurter Allgemeine Zeitung, 14.08.2002.

Jean-Michel Quinodoz

Freud lesen

Eine chronologische Entdeckungsreise durch sein Werk

2011 · 477 Seiten · Broschur
ISBN 978-3-89806-782-9

Dieser Band ist eine leicht zugängliche Darstellung der gesammelten Werke Freuds. Jedes Kapitel befasst sich mit einer von Freuds Schriften und enthält wertvolle Hintergrundinformationen sowie relevante Details aus Biografie und Zeitgeschichte, eine Chronologie seiner Ideen und Beschreibungen von post-freudianischen Entwicklungen.

»Das Buch ist eine einzigartige Hilfe bei Lehre und Studium der Freud'schen Schriften. Es ist ebenso fantasievoll wie hilfreich, vor allem, was die Kontextualisierung der Werke anbelangt. Ein absolutes Muss für jeden, der sich ernsthaft mit der Psychoanalyse beschäftigt.«

Anne-Marie Sandler, Lehranalytikerin der Britischen Psychoanalytischen Vereinigung, London

George Makari

Revolution der Seele

Die Geburt der Psychoanalyse

2011 · 648 Seiten · Gebunden
ISBN 978-3-8379-2039-0

Ausgezeichnet mit dem Gradiva Award 2009 als beste historische Arbeit und dem Heinz Hartmann Award 2009 als herausragendste Publikation, stellt Makari erstmals zusammenhängend die Geschichte der Psychoanalyse von ihren Anfängen 1870 bis zu ihrer Vertreibung aus Europa durch den Nationalsozialismus 1945 dar. Er erforscht gezielt die zentralen Probleme, die diese angehende Wissenschaft der Psyche in ihrer Entwicklung definierten, strukturierten und spalteten.

The New York Post: »Brilliant! Eine fesselnde, reichhaltige Geschichte voller faszinierender Charaktere und bunter Schauplätze.«

Paul Auster: »George Makari hat nichts Geringeres geschrieben als eine Geschichte des modernen Geistes.«

Walltorstr. 10 · 35390 Gießen · Tel. 0641-969978-18 · Fax 0641-969978-19
bestellung@psychosozial-verlag.de · www.psychosozial-verlag.de